Inspiration

BERCHTESGADEN

MIT CHIEMGAU & CHIEMSEE

Natur- und Wanderhighlights

45

Touren & Tipps

DER INHALT

OUTDOOR-TOUREN & TIPPS

45

INSPIRATION

Kleine Dörfer, Wasserfälle, versteckte Badeplätze, steile Gipfel und bezaubernde Aussichten. Einfach aufbrechen und neue Orte erkunden – was gibt es Schöneres? Damit du deine Zeit nicht mit Suchen verbringst und gleich die schönsten Ziele ansteuerst gibt es die *Inspirations.*

Eine Sammlung an Outdoor-Zielen, die du am besten noch mit einer Wandertour verbindest oder erreichst. Wir stellen dir 45 *Inspirationen* mit je einem Wander-Tourenvorschlag vor. Dabei handelt es sich um die Highlights aus der Region. Unsere *Inspirationen* sollen dir helfen, deinen Ausflug oder Urlaub bestmöglich zu verbringen. So kannst du dir einen herrlichen Outdoor-Ausflug zusammenstellen. Alle *Inspirationen* stammen aus unseren Wanderführern Berchtesgaden, Königssee und Chiemsee, in welchen die vollständigen Wandertouren-Beschreibungen zu finden sind.

Der KOMPASS-Verlag ist bekannt für seine Wanderkarten. Damit du dich noch besser auf deine Entdeckertouren vorbereiten kannst und vor Ort immer weißt wo du bist, gibt es die Wanderkarte für die Region als Download für die KOMPASS-App.

OUTDOOR-TOUREN & TIPPS
MIT DER KOMPASS KARTE ERLEBEN

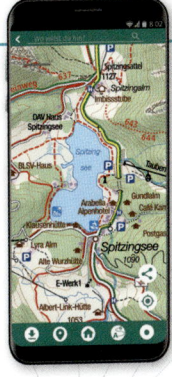

45

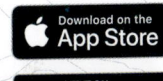
Download on the
App Store

GET IT ON
Google Play

So kommst du zur KOMPASS Karte in der App:

1. App herunterladen und anmelden:
Die Wanderkarten-App im App Store oder in Google
Play herunterladen und über die App oder über
www.kompass.de anmelden.

2. Karte freischalten:
In der App kannst du die Karte durch den Scan des
Strichcodes (siehe unten und Buchrückseite) oder durch
die Eingabe vom Code freischalten:

Freischalt-Code: oder   per Scan in der App:

978-3-99154-018-2

ÜBERSICHTSKARTE

45
INSPIRATIONEN

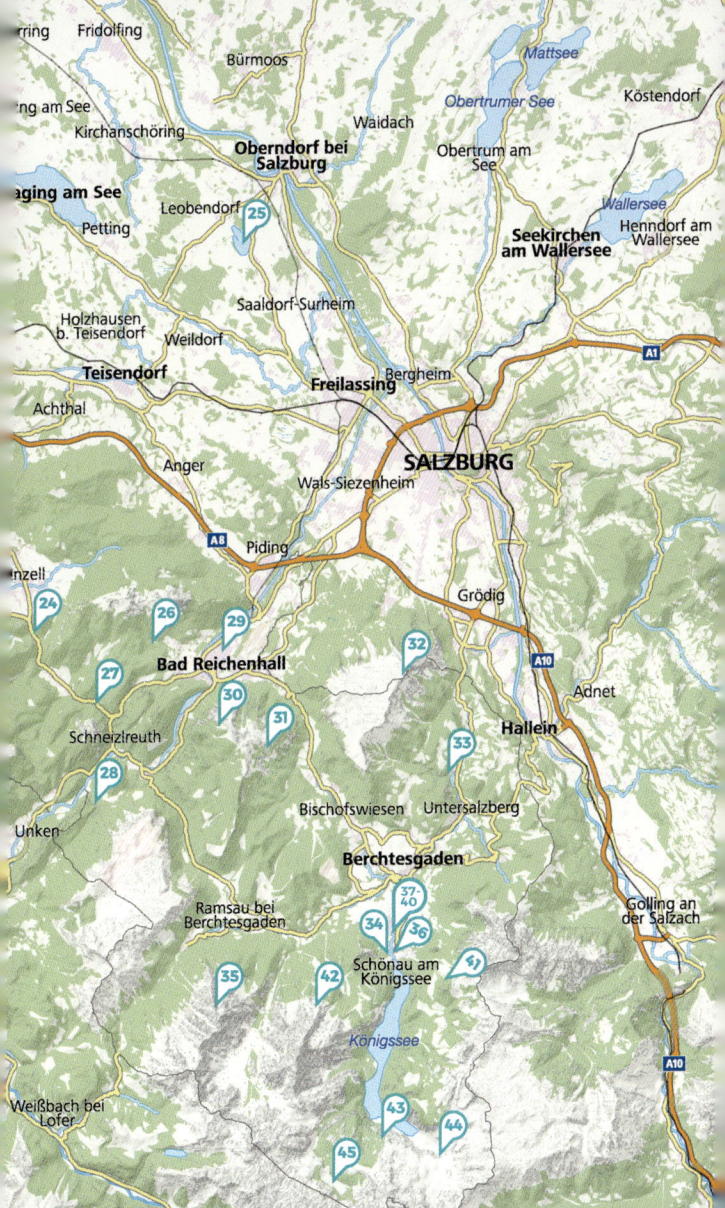

Chiemsee

Für die Gestaltung der Landschaft um den Chiemsee war die letzte der Eiszeiten, die „Würmeiszeit", verantwortlich. Während dieser Eiszeit schoben sich der Salzach-Gletscher, der Inn-Gletscher, der Chiemsee-Gletscher und dazwischen der Prien-Gletscher ins Alpenvorland. Die nach dem Abschmelzen entstandenen Seen sind teilweise bis heute erhalten: Der Chiemsee, als größter bayerischer See, die Seeoner Seen und die Eggstätt-Hemhofer Seenplatte mit 18 Einzelseen, der Simssee, die miteinander verbundenen Waginger und Tachinger Seen sowie der kleine Abtsee.

In vielen Bereichen sind die Seen aber im Laufe der Zeit verlandet und bilden als unter Natur- und Landschaftsschutz stehende Moor- und Filzlandschaften wichtige Rückzugsgebiete für eine Vielzahl selten gewordener Pflanzen- und Tierarten.

Besonders reizvoll für Wanderer – und auch relativ leicht umzusetzen – ist der Perspektivenwechsel zwischen Chiemseelandschaft und den Chiemgauer Aussichtsbergen.

Immer wenn man über den Chiemsee Richtung Süden blickt, baut sich im Hintergrund eine herrliche Bergsilhouette auf.

Chiemgauer Alpen

Im Norden durch den Chiemsee begrenzt, weist der Chiemgau nach Süden einen fließenden Übergang von lieblicher Tallage über bewaldete Höhenrücken bis zu schroffen Felsgebirgen auf. Im Westen reichen die Chiemgauer Berge bis zum bayerischen Inntal mit dem Hochries als Eckpfeiler und krönendem Abschluss, im Osten zieht das Tal der Roten Traun die Grenze zu den Berchtesgadener Alpen und im Süden gibt die heute nicht mehr so spürbare deutsch-österreichische Landesgrenze mit den markanten Erhebungen von Sonntagshorn, Fellhorn und Spitzsteinhorn die Linie vor. Das Priental bis Sachrang, das Tal der Tiroler Achen bis Kössen sowie die Rote Traun und das Weißbachtal sind die Einfallstore, die sich von Norden nach Süden durch die Chiemgauer Alpen ziehen und beste Ausgangspunkte für jede Form alpiner Betätigung bieten.

Es ist nur ein Sprung von der Chiemgauer Seenlandschaft und den bequemen, kaum Höhenmeter aufweisenden Spaziergängen zu den Bergwanderzielen verschiedenster Schwierigkeitsgrade in den Chiemgauer Alpen. Viele der bekanntesten Gipfelziele sind mit Seilbahnen erschlossen und können somit leicht erreicht werden.

Berchtesgaden

Die Berchtesgadener Alpen, die ein Bestandteil der Nördlichen Kalkalpen sind, werden geprägt duch tiefliegende Täler, ausgedehnte Hochplateaus und schroffe Gipfelregionen. Während der besonders in den Hochgebirgslagen anzutreffende Dachsteinkalk durch seine starke Verkarstung zur Höhlenbildung (vor allem am Untersberg) beigetragen hat, besteht der Sockel der Gebirgsmassive aus Dolomitgestein, das durch eiszeitliche Gletscherentwicklungen zu imposanten Trogtälern ausgeschliffen wurde), oder infolge der Verwitterung zu riesigen Schutttälern führte (besonders gut im Wimbachtal zu erkennen).

Außer dem Watzmann und dem Lattengebirge, die ausschließlich auf deutschem Boden liegen, werden alle anderen Gebirgszüge von der Landesgrenze zwischen Österreich und Deutschland durchzogen. Die Saalach trennt die Berchtesgadener im Westen von den Chiemgauer und Loferer und Leoganger Bergen, die Salzach bildet im Osten die Grenze.

Nationalpark Berchtesgaden

210 km² umfasst der im Jahre 1978 gegründete Nationalpark Berchtesgaden, der den Südteil des Alpenparks bildet. Er entspricht in etwa dem früheren Naturschutzgebiet Königssee, das bereits 1910 unter Schutz gestellt wurde. Die Ziele der Nationalparkverwaltung – zum einen die Natur, Flora und Fauna sich weitgehend ungestört entwickeln zu lassen, zum anderen den Menschen diese Natur zur Erholung zur Verfügung zu stellen – hat dazu geführt, dass kaum ein anderes Erholungsgebiet so gut wissenschaftlich untersucht, so hervorragend erschlossen und so umfassend mit Informationen über die Zusammenhänge zwischen Mensch und Natur ausgestattet ist.

Königssee

Der fjordartig eingebettete See, der am östlichen Fuß des Watzmannstockes liegt, ist 8 km lang, bis zu 1250 m breit und liegt 602 m über NN. Mit einer maximalen Wassertiefe von 190 m bleibt das Wasser auch im Hochsommer relativ kalt, da der See hauptsächlich durch den vom südöstlich gelegenen Obersee und durch unterirdische Zuflüsse gespeist wird. Die Wasseroberfläche beträgt 5,2 km². Der See wird von der Bayerischen Seenschifffahrt mit Elektrobooten befahren. Da außerdem im Einzugsbereich des Sees keine intensive Landwirtschaft (mit Ausnahme von etwas Almwirtschaft) betrieben werden darf und seit den 1980er-Jahren eine Ringkanalisation die Abwässer vom See fernhält, besitzt der Königssee Trinkwasserqualität.

ES GRÜSST DAS
BERCHTESGADENER LAND!

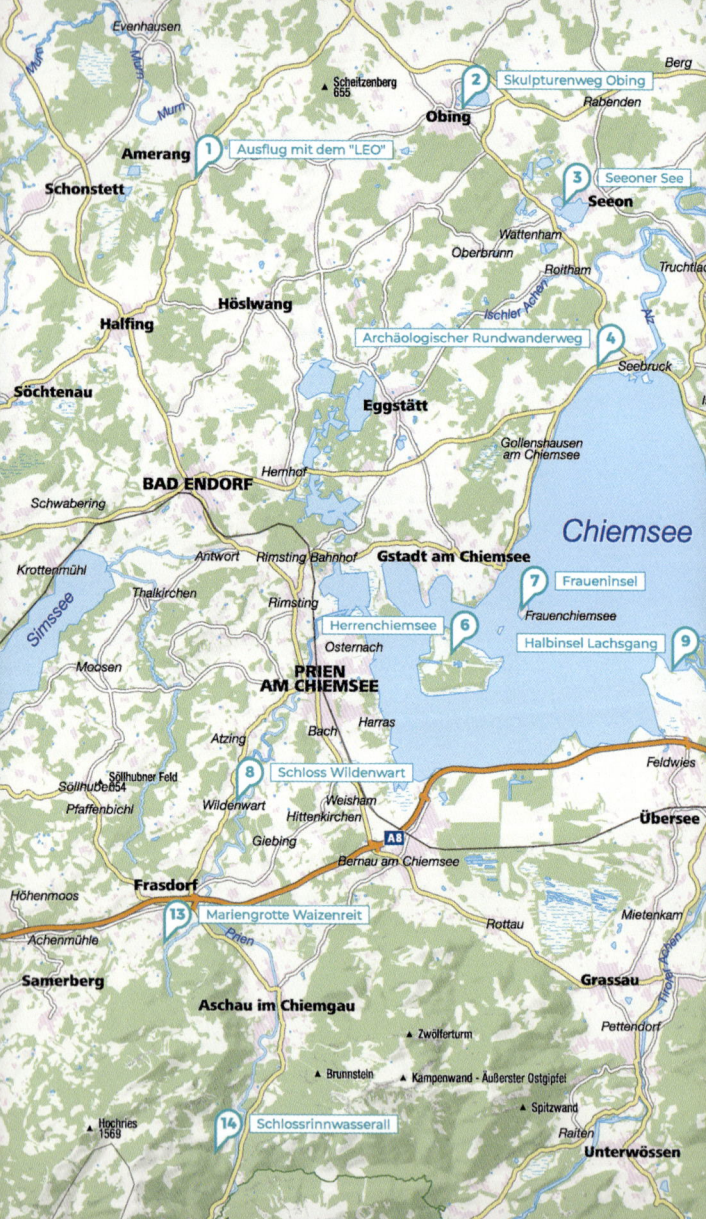

Evenhausen

Berg

2 Skulpturenweg Obing

Rabenden

Obing

Scheitzenberg
655

Amerang **1** Ausflug mit dem "LEO"

3 Seeoner See

Schonstett

Seeon

Schonstett

Wattenham

Oberbrunn

Truchtlac

Roitham

Ischler Achen

Höslwang

Halfing

Archäologischer Rundwanderweg **4**

Söchtenau

Seebruck

Is

Eggstätt

BAD ENDORF

Gollenshausen
am Chiemsee

Hemhof

Schwabering

Chiemsee

Krottenmühl

Antwort   Rimsting Bahnhof

Gstadt am Chiemsee

Thalkirchen

Rimsting

7 Fraueninsel

Simssee

Frauenchiemsee

Moosen

Herrenchiemsee **6**

Osternach

Halbinsel Lachsgang **9**

**PRIEN
AM CHIEMSEE**

Bach

Harras

Atzing

Söllhuber Feld

8 Schloss Wildenwart

Söllhube 854

Wildenwart

Weisham

Feldwies

Pfaffenbichl

Hittenkirchen

Giebing

A8

Übersee

Bernau am Chiemsee

Höhenmoos

Frasdorf

13 Mariengrotte Waizenreit

Mietenkam

Achenmühle

Prien

Rottau

Grassau

Samerberg

Pettendorf

Aschau im Chiemgau

Zwölferturm

Hochries
1569

Brunnstein

Kampenwand - Äußerster Ostgipfel

Spitzwand

14 Schlossrinnwasserall

Raiten

Unterwössen

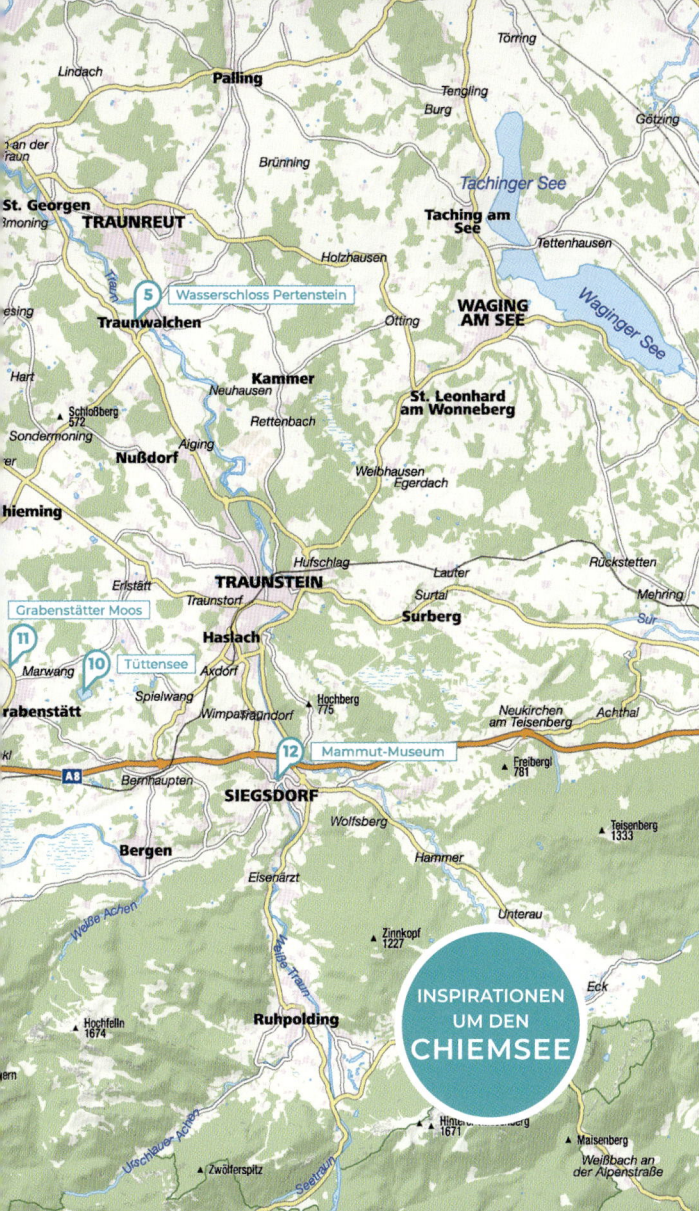

Lindach

Palling

Törring

Tengling

Burg

Götzing

St. Georgen

an der raun

moning

TRAUNREUT

Brünning

Holzhausen

Tachinger See

Taching am See

Tettenhausen

esing

5 Wasserschloss Pertenstein

Traunwalchen

Ötting

WAGING AM SEE

Waginger See

Hart

Kammer

Neuhausen

St. Leonhard am Wonneberg

Schloßberg 572

Aiging

Rettenbach

Sondermoning

Nußdorf

Weibhausen

Egerdach

hieming

Hufschlag

Lauter

Rückstetten

Erlstätt

TRAUNSTEIN

Mehring

Traunstorf

Surtal

Grabenstätter Moos

Haslach

Surberg

Sur

11 Marwang

10 Tüttensee

Axdorf

Spielwang

Wimpasing

Ragndorf

Hochberg 775

Neukirchen am Teisenberg

Achthal

rabenstätt

A8

Bernhaupten

12 Mammut-Museum

Freibergl 781

kl

Siegsdorf

Wolfsberg

Teisenberg 1333

Bergen

Eisenärzt

Hammer

Weiße Achen

Zinnkopf 1227

Unterau

Eck

INSPIRATIONEN UM DEN CHIEMSEE

Hochfelln 1674

Weiße Traun

Ruhpolding

Maisenberg

Weißbach an der Alpenstraße

Urschlauer Achen

Zwölferspitz

Hinter... 1671

Seetraun

wern

EIN AUSFLUG
MIT „LEO"

Bahnfahrt mit der
„Lokalbahn Endorf - Obing"

Der Verein Chiemgauer Lokalbahn e.V. setzte es sich bei seiner Gründung zum Ziel, die Lokalbahn wieder in Betrieb zu nehmen. Im Juli 2006 war es endlich soweit und die Bahnstrecke wird seither wieder von den historischen Fahrzeugen befahren. Eine Fahrt mit einer dieser urigen Bahnen sollte man sich nicht entgehen lassen. Davor unbedingt über die Betriebszeiten informieren: chiemgauer-lokalbahn.com

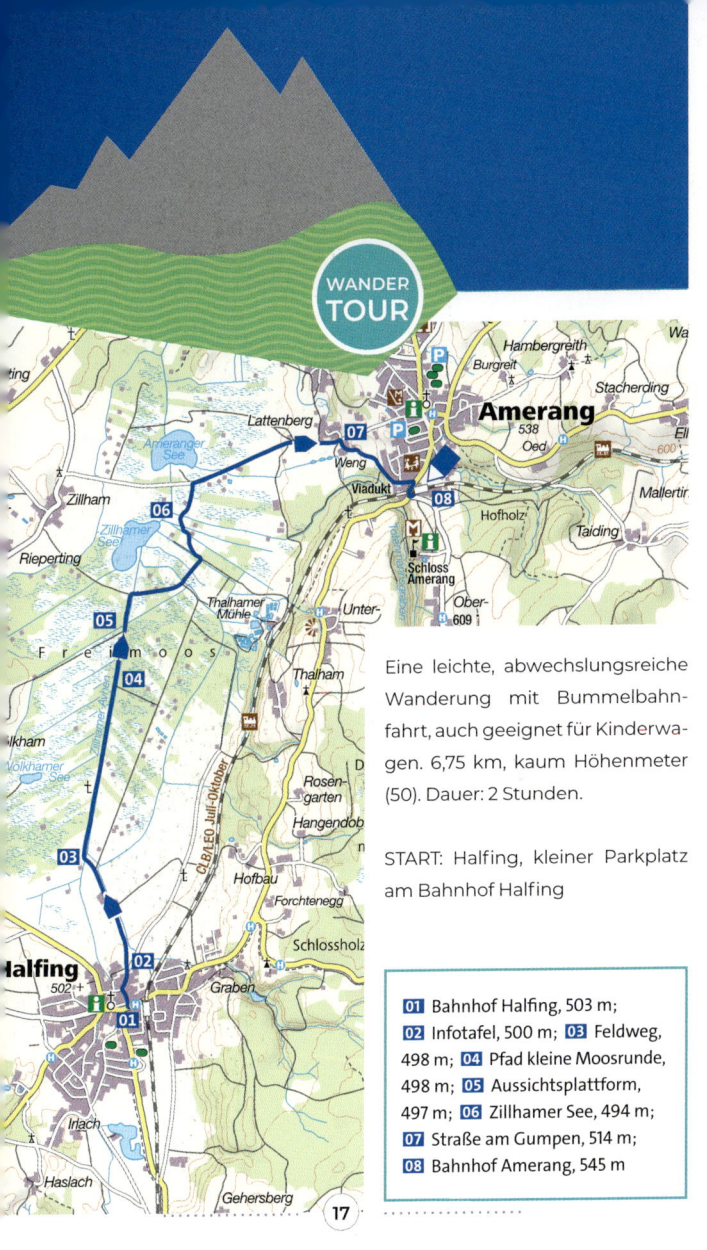

WANDER TOUR

Eine leichte, abwechslungsreiche Wanderung mit Bummelbahnfahrt, auch geeignet für Kinderwagen. 6,75 km, kaum Höhenmeter (50). Dauer: 2 Stunden.

START: Halfing, kleiner Parkplatz am Bahnhof Halfing

01 Bahnhof Halfing, 503 m;
02 Infotafel, 500 m; **03** Feldweg, 498 m; **04** Pfad kleine Moosrunde, 498 m; **05** Aussichtsplattform, 497 m; **06** Zillhamer See, 494 m; **07** Straße am Gumpen, 514 m; **08** Bahnhof Amerang, 545 m

SKULPTURENWEG OBING

Zeit zum Nachempfinden und Erforschen

Seit 1999 bereichern über 20 unterschiedliche Objekte zeitgenössischer Bildhauer überwiegend aus dem südostbayerischen Raum den Rundweg um den Obinger See – eine Initiative von Hans Thurner (Bürgermeister der Gemeinde Obing von 1996 – 2014), der selbst mit einem Werk vertreten ist.

Spaziergang mit 3,5 km und ohne Höhenmter auf sehr guten Fußwegen und ruhigen Teerstraßen. Immer wieder Ausblicke über den See und die Berge. Dauer: 45 Minuten.

START: Obing, Parkplatz an der Minigolfanlage

> **01** Obing, Parkplatz Minigolf-platz, 556 m; **02** Gasthaus Ober-wirt, 558 m; **03** Jepolding, 557 m

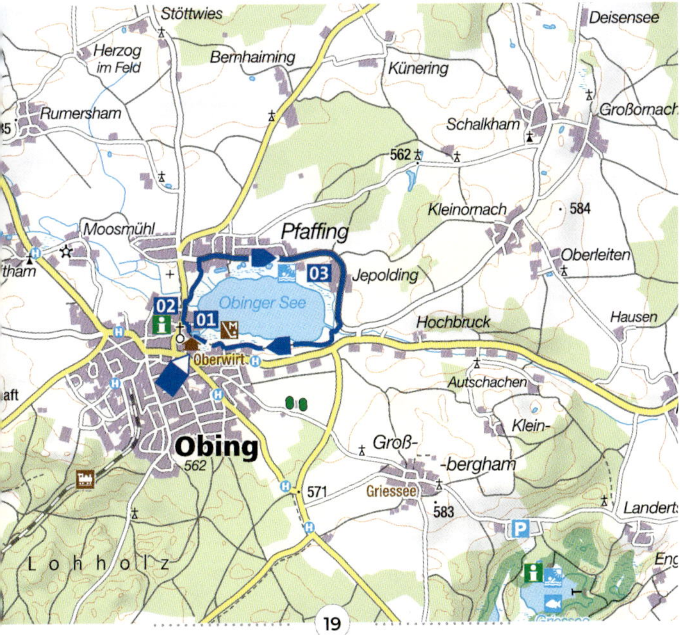

03

DIE SEEONER SEEN

Zeitzeugen der Eiszeit

Die Seenplatte besteht aus den Seen Bansee, Seeleitensee, Mittersee, Jägersee, Brunnensee, Griessee, und dem Klostersee, welcher mit 47 ha der größte der Seen ist und auch unter dem Namen „Seeoner See" bekannt ist. Inmitten des Klostersees befindet sich auf einer Insel das Seeoner Kloster. Die Entstehung der Seeoner Seen geht vermutlich bis in die Eiszeit vor über 10.000 Jahren zurück.

WANDER
TOUR

Eine sehr ruhige Wanderung mit wenig Steigung (50 HM) auf wenig begangenen Wegen. Teilweise auf Teerstraßen, meist auf Feld- und Waldwegen. Festes Schuhwerk ist empfehlenswert. 9km; 2 Stunden.

START: Seeon, Parkplatz Kloster Seen

01 Seeon, 535 m; **02** Engering, 554 m; **03** Griessee, 542 m; **04** Weinbergaussicht, 562 m; **05** Waltenbergstüberl, 547 m

Viele verschiedene Ausgrabungen brachten Fundstücke ans Tageslicht, die uns Aufschluss über eine weit zurückreichende Besiedlung der Gegend geben. Man fand antike Gebäudereste, Gräber, Straßentrassen und Flussübergänge; eine unüberschaubare Menge an Kleinfundmaterial aus prähistorischen und frühgeschichtlichen Zeitabschnitten. Der Archäologische Rundweg führt uns an geschichtlich interessante Stellen. An jedem Etappenziel kann man sich anhand anschaulich gestalteter Schautafeln informieren. Während unserer Wander-/Radtour bewegen wir uns durch ca. 4000 Jahre Geschichte. Beginnend mit der Jungsteinzeit, über die Kelten und Römer bis zu den Bajuwaren und ins frühe Mittelalter.

Einfache Wanderung in abgelegene, stille Winkel und Dörfer. Interessante archäologische Fundstätten. Festes Schuhwerk auf den teils holprigen Feldwegen ist empfehlenswert. Die Runde dauert 3 Stunden, hat 11 km und 60 Höhenmeter.

START: Esbaum bei Seebruck, Parkplatz

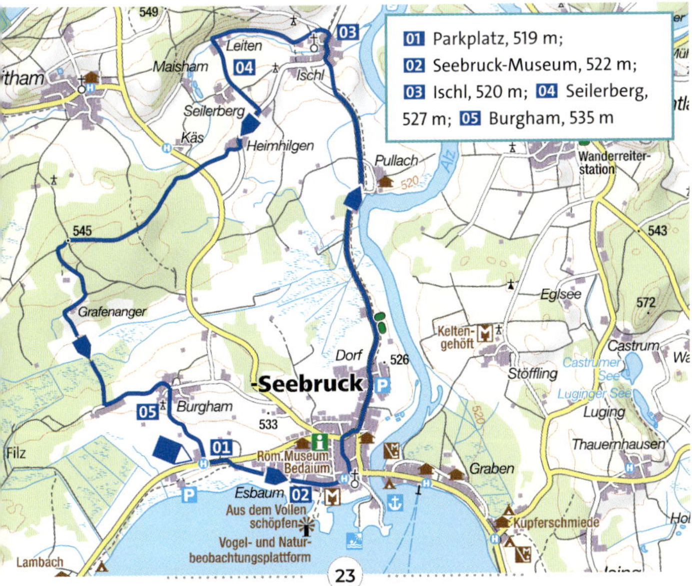

01 Parkplatz, 519 m;
02 Seebruck-Museum, 522 m;
03 Ischl, 520 m; **04** Seilerberg, 527 m; **05** Burgham, 535 m

WASSERSCHLOSS PERTENSTEIN

Von der Raubritterburg zum Eventschloss

Das Schloss wurde 1290 von Ritter Engelbrecht, damals noch unter dem Namen „Perchtenstein" zunächst als Burg errichtet und im 14. Jahrhundert zu einem Schloss ausgebaut. Seit dem Beginn des 19. Jahrhunderts wird es nicht mehr bewohnt und wurde in den Sechzigern vom „Heimatbund Schloss Pertenstein" saniert. Heute dient das Schloss primär als Veranstaltungs-Lokalität, beispielsweise für Hochzeiten oder große private Feiern.

Einfache Landwirtschafts-wege und verkehrsarme Nebensträßchen und herrliche Uferpfade entlang der Traun verbinden Burg Stein und Schloss Pertenstein zu einer großen Rundtour mit 20,5 km und 158 Höhenmetern. Dauer: 5 ½ Stunden.

START: Stein an der Traun, Parkplatz gegenüber der Steiner Schlossbrauerei, direkt an der B304

WANDER TOUR

01 Stein a. d. Traun, 512 m;

02 Nepomukkapelle, 511 m;

03 Anning, 526 m;

04 Gigling, 556 m;

05 Mais, 560 m; 06 St 2104, 531 m;

07 Weisbrunn, 544 m;

08 Poschmühle, 520 m;

09 Traunbrücke, 535 m;

10 Schloss Pertenstein, 546 m;

11 Rosenkranzkapelle, 545 m;

12 Stauwehr, 529 m;

13 St. Georgen, 519 m;

14 Traun, 517 m; 15 Irsing, 546 m;

16 Dieplinger Kapelle, 530 m

HERREN-CHIEMSEE

Auf der größten Chiemsee-Insel

Im Dachstuhl des „neuen" Schlosses auf der Herreninsel haben sich 15 verschiedene Arten von Fledermäusen angesiedelt. Ausführliche Informationen dazu liefert eine interessante Ausstellung. Die Fledermäuse können sogar beobachtet werden, da die installierten Kameras Bilder der Tiere liefern. Wer es romantischer mag, unternimmt eine Kutschfahrt über die Insel oder spaziert durch den Schlosspark.

Leichter Spaziergang auf sehr guten Sandstraßen, immer wieder Ausblicke über den See; im Süden Steilküste. Gemütliche 7km in 2 Stunden, wenig Steigung (30 HM).

START: Prien/Stock, 519m, Parkplatz der Chiemseeschifffahrt

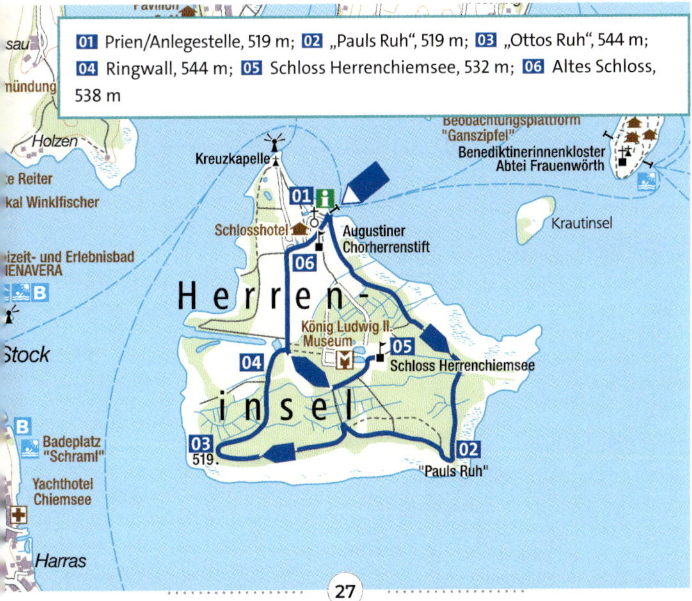

01 Prien/Anlegestelle, 519 m; **02** „Pauls Ruh", 519 m; **03** „Ottos Ruh", 544 m; **04** Ringwall, 544 m; **05** Schloss Herrenchiemsee, 532 m; **06** Altes Schloss, 538 m

Pavillon

sau

mündung

Holzen

Kreuzkapelle

Beobachtungsplattform "Ganszipfel"

Benediktinerinnenkloster
Abtei Frauenwörth

te Reiter
kal Winklfischer

01

Krautinsel

Schlosshotel

Augustiner
Chorherrenstift

izeit- und Erlebnisbad
IENAVERA

B

06

H e r r e n -

König Ludwig II.
Museum

05

Schloss Herrenchiemsee

Stock

04

i n s e l

B

Badeplatz
"Schraml"

03
519

02

"Pauls Ruh"

Yachthotel
Chiemsee

Harras

07

DIE FRAUENINSEL

Ein Besuch auf der auto- und fahrradfreien Insel mit nur 250 Einwohnern.

Wir legen am Hauptsteg der Fraueninsel an. Vor uns links sehen wir das Gebäude des Klosterwirts und rechts den Klostergarten. Zu Beginn bietet sich eine Umrundung der Insel an. Dabei kommt man an lauschigen Plätzen am Wasser vorbei, zahlreiche Bänke laden zum Verweilen ein. Wir treffen auf Fischräuchereien, Gaststätten und einen Töpferladen. Geht man ins Inselinnere, stößt man auf das Inselmünster mit dem Friedhof, auf die Torhalle und den Lindenhain.

WANDER **TOUR**

Leichter, aber relativ langer Spaziergang auf Kieswegen. 15,5 km, kaum Höhenmeter (30); Dauer: 4 ¾ Stunden.

START: Gstadt am Chiemsee, 520 m, gebührenpflichtige Parkplätze vorhanden

01 Gstadt, 538 m; **02** Ganszipfel, 520 m; **03** Urfahrn, 520 m; **04** Kailbach, 520 m; **05** Hochstätt, 520 m; **06** Schafwaschener Bucht, 520 m; **07** Rimstinger Steinlehrpfad, 520 m; **08** Prien/ Stock, 520 m

SCHLOSS WILDENWART

Das mittelalterliche Schloss kann leider nur von außen bewundert werden – es wird noch bewohnt.

Das Schloss Wildenwart, so wie es heute aussieht, stammt aus dem 16. Jahrhundert. Der Kern der Anlage wurde bereits im Mittelalter errichtet. Wildenwart gilt als besterhaltener alter Schlossbau im gesamten Landkreis Rosenheim. Es war der Hauptwohnort des letzten bayerischen Königs, Ludwig III., nachdem er seinen Thron verloren hatte. Seine Tochter, Prinzessin Helmtrud, ist auf dem Wildenwarter Friedhof begraben. Das Schloss wird heute von Herzog Max in Bayern und seiner Familie bewohnt und kann deshalb nicht besichtigt werden, aber eine Einkehr in der „Schlosswirtschaft" entschädigt trotzdem für die Wandermühen.

WANDER TOUR

Ausgedehnte, anstrengende Wanderung durchs Priental mit viel Auf und Ab. Auf Schotter-, Teer-, Feld- und Graswegen. Mit Einblicken in Geschichte und Kultur des Chiemgaus. Die ganze Runde dauert 3 ½ Stunden, hat 11,5 km und 200 Höhenmeter.

START: Prien, 532 m; Parkplätze in der Beilhackstraße

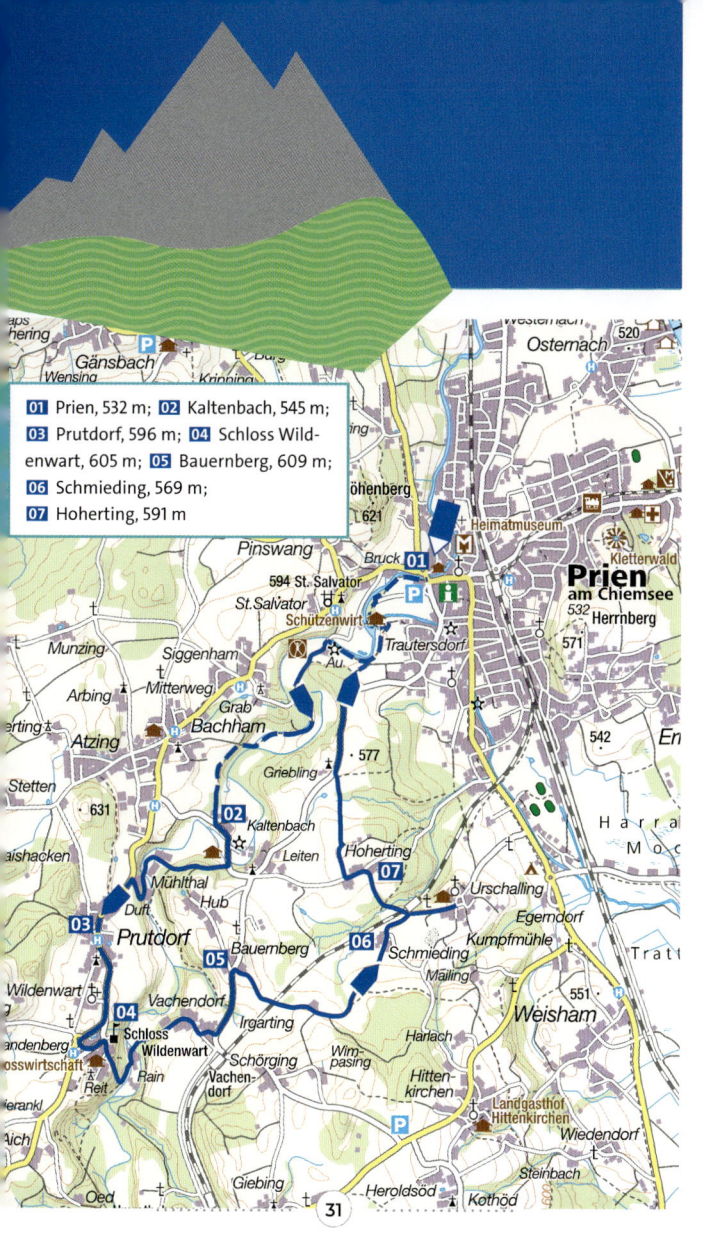

01 Prien, 532 m; 02 Kaltenbach, 545 m;
03 Prutdorf, 596 m; 04 Schloss Wildenwart, 605 m; 05 Bauernberg, 609 m;
06 Schmieding, 569 m;
07 Hoherting, 591 m

Die Halbinsel Lachsgang entstand wie heute das Achendelta. Damals, als die Tiroler Ache noch hier in den See mündete, zogen die Chiemsee-Lachse (Seeforellen) die Ache hinauf, um zu laichen. Ein Überbleibsel des alten Achenverlaufs befindet sich in der Mitte der Halbinsel. Deutlich erkennbar durch die aneinander gereihten uralten Eichen und die Binsengewächse.

WANDER TOUR

Beschaulicher Spaziergang auf sehr gut gepflegten Wegen. 8 km, keine Höhenmeter. Dauer: 2 ½ Stunden.

START: Parkplatz Autobahnausfahrt Übersee, 521 m

01 Parkplatz an der Autobahn, 521 m; **02** Seethal, 521 m; **03** Vogelbeobachtungsturm Lachsgang, 516 m; **04** Chiemgauhof, 516 m; **05** Seewirt, 520 m; **06** D'Feldwies, 521 m

Für die Entstehung des Tüttensees gibt es eine interessante Hypothese, die inzwischen aber von Fachleuten überwiegend abgelehnt wird. Im Zeitraum zwischen 2000 bis 800 v. Chr. soll sich hier ein Meteoriteneinschlag ereignet haben. Auf dem Wanderweg rund um den See wird auf acht zweisprachigen Tafeln die Theorie eines Meteoriteneinschlags erklärt. Mit zahlreichen Illustrationen wird der Prozess, der bei einem Meteoriteneinschlag abläuft, beschrieben.

WANDER TOUR

Eine ruhige Wanderung, oft auf schmalen, wenig befahrenen Teerstraßen, aber auch auf Feld-, Wald- und Wiesenwegen mit wenig Steigung (110 HM). Reich an traumhaften Landschaftsbildern. Festes Schuhwerk ist empfehlenswert für die 12 km Tour. Dauer: 4 Stunden.

START: Tüttensee, Parkplätze am See

01 Parkplatz Tüttensee, 536 m; **02** Höringer Straße, 526 m; **03** Blick über den Chiemsee, 577 m; **04** Holzhausen, 640 m; **05** Schild, 631 m; **06** Kapelle, 616 m; **07** Büchling, 554 m

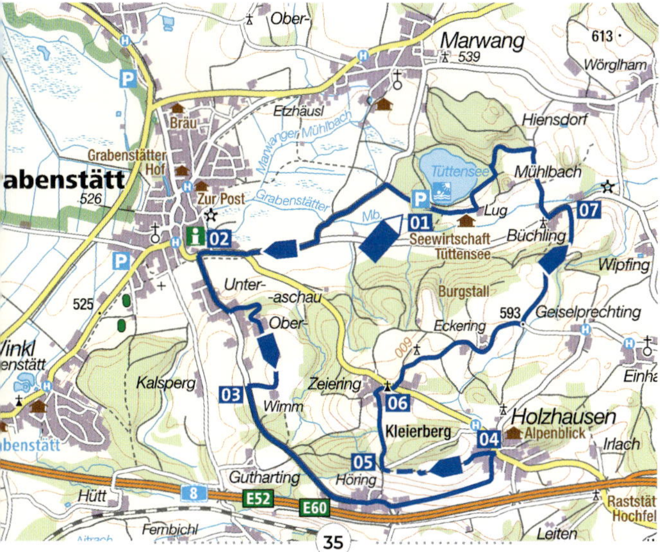

11

GRABENSTÄTTER MOOS

1.250 Hektar Naturschutzgebiet.

Bis 1904 lag Grabenstätt noch direkt am Chiemsee. Durch das Ausbaggern des Alzbettes (Chiemseeabfluss) wurde der Seespiegel abgesenkt. In Folge dieser Maßnahme verlandete das Gebiet zwischen Grabenstätt und dem heutigen Chiemseeufer. Der 1.250 Hektar große Bereich wurde als Grabenstätter Moos unter Naturschutz gestellt.

WANDER
TOUR

Leichte Wanderung auf geteerten Straßen, meist aussichtsreich mit Blick auf die Alpenkette und über das Bergener und das Grabenstätter Moos mit wenig Steigung (150 HM) und 10 km. Dauer: 3 Stunden.

START: Grabenstätt, 526 m; Parken hinter der Sparkasse

01 Grabenstätt, 526 m;
02 Kalsperg, 560 m; 03 Autobahn, 549 m; 04 Schneereut, 559 m;
05 Fliegeneck, 536 m;
06 Kaltenbrunn, 576 m;
07 Holzhausen, Gasthof Alpenblick, 628 m; 08 Höring, 596 m;
09 Wimm, 610 m

MAMMUT-MUSEUM SIEGSDORF

Zurück in die Steinzeit.

Erlebnismuseum mit Regionalbezug. Das Naturkunde- und Mammut-Museum Siegsdorf veranschaulicht die Geschichte Südostbayerns. Unweit von Siegsdorf wurden 45.000 Jahre alte Mammutknochen gefunden, was zur Entstehung des Museums führte. Erlebe das größte und besterhaltene Mammutskelett Europas!
Info: museum-siegsdorf.de

Abwechslungsreiche Fluss- und Waldwanderung auf Naturwegen mit leichten An- und Abstiegen, von Alzing bis Siegsdorf auf straßenbegleitendem Fuß-/Radweg. 10,25 km, 235 Höhenmeter. Dauer: 3 ½ Stunden.

START: Siegsdorf, Parkplatz in der Bahnhofstraße, nahe beim Mammutmuseum

01 Parkplatz Bahnhofstraße, 615 m; **02** Brücke, 635 m; **03** Eisenbahnbrücke, 650 m; **04** Drehkreuz, 665 m; **05** Niederalm, 790 m; **06** Wallfahrtskirche, 830 m; **07** Kloster Maria Eck, 882 m; **08** Brucktaler Hof, 778 m; **09** Mammutheum, 685 m; **10** Mammutmuseum, 620 m

13

MARIENGROTTE WAIZENREIT

Die Legende von „Der Wassertrinkerin von Frasdorf"

Auf dem heute verfallenen Waizenreiterhof lebte Mitte des 19. Jahrhunderts die Furtner Marie. Der Legende nach ernährte sie sich nach einer überstandenen Blatternkrankheit nur von geheiligten Hostien und dem Quellwasser, das am Hof entsprang. Als Wassertrinkerin von Frasdorf erlangte sie eine gewisse Berühmtheit. Zur 1989/90 erbauten Mariengrotte und dem Brunnen mit dem Heilwasser führt heute auch ein Kreuzweg vom Parkplatz Lederstube hoch.

Im Aufstieg breiter Forstweg, im
Abstieg Wiesen- und Waldpfade
und eine kurze Asphaltpassage.
Leichte Tour mit etwas Steigung
(300 HM) über 9,5 km; Dauer: 3
Stunden.

START: Frasdorf, Parkplatz Lederstube

01 Frasdorf/Lederstube, 670 m;
02 Zellboden, 831 m; **03** Abzw.
Rauchalm, 878 m; **04** Frasdorfer
Hütte, 962 m; **05** Hofalm, 970 m;
06 Sagberg, 794 m;
07 Mariengrotte, 682 m

14

SCHLOSSRINN-WASSERALL

75 Meter tosendes Wasser.

Eine kurzweilige Wanderung bringt uns zu diesem eindrucksvollen Wasserfall im Priental.

Einfache, kinderwa-
gentaugliche Wanderung. Besonders schön ist diese Wanderung
im Frühjahr. Dann blühen die bun-
ten Wiesen und sowohl die Wasserfälle als auch die Prien führen
ausreichend Wasser. In 2 ½ Stunden mit wenig Steigung, nur 120
Höhenmeter, über 9km.

START: Hohenaschau, Parkplatz
an der Festhalle

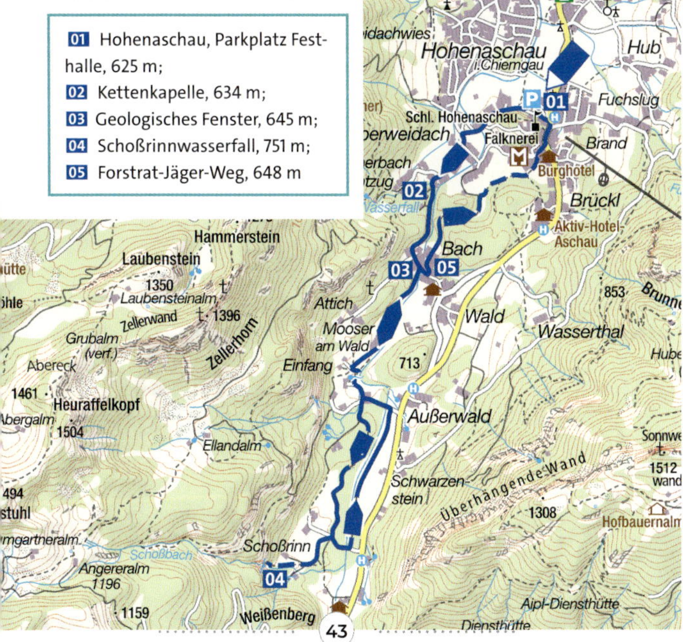

01 Hohenaschau, Parkplatz Festhalle, 625 m;
02 Kettenkapelle, 634 m;
03 Geologisches Fenster, 645 m;
04 Schoßrinnwasserfall, 751 m;
05 Forstrat-Jäger-Weg, 648 m

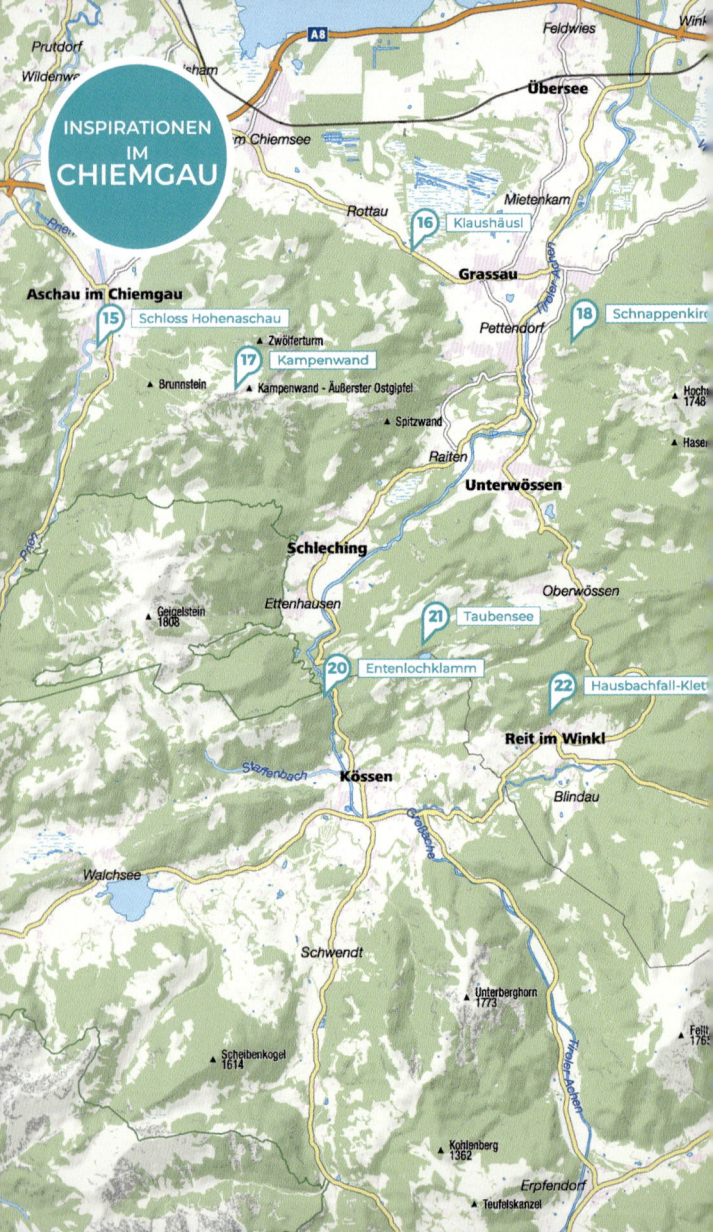

INSPIRATIONEN IM CHIEMGAU

Prutdorf
Wildenw
Feldwies
Wink
A8
Übersee
m Chiemsee
Rottau
Mietenkam
16 Klaushäusl
Grassau
Aschau im Chiemgau
Pettendorf
18 Schnappenkir
15 Schloss Hohenaschau
Zwölferturm
17 Kampenwand
Brunnstein
Kampenwand – Äußerster Ostgipfel
Hoch
1748
Spitzwand
Haser
Raiten
Unterwössen
Schleching
Oberwössen
Geigelstein
1808
Ettenhausen
21 Taubensee
20 Entenlochklamm
22 Hausbachfall-Klet
Reit im Winkl
Steinbach
Kössen
Blindau
Walchsee
Schwendt
Unterberghorn
1773
Scheibenkogel
1614
Feil
176
Kohlenberg
1362
Erpfendorf
Teufelskanzel

SCHLOSS HOHENASCHAU

Das Schloss beherbergt auch das Prientalmuseum.

Die Burg Hohenaschau bildete früher den Verwaltungsmittelpunkt der mit der hohen Gerichtsbarkeit ausgestatteten Herrschaft Hohenaschau. Das Prientalmuseum auf Schloss Hohenaschau zeigt auf zwei Etagen die Herrschaftsgeschichte und die Zeit der Eisenindustrie im Chiemgau, ergänzt durch das Burgladerl. Vor dem Besuch sollte man sich über die Öffnungszeiten informieren: aschau.de/schlosshohenaschau

Wald- und Bergstei-
ge mit starker Steigung (950 HM),
sowie Alm- und Wirtschaftswege,
der Waldaufstieg nach Hammer-
bach ist im Frühjahr manchmal
wegen Abrutschgefahr gesperrt.
Die Tour dauert bis zu 6 Stunden
und hat 13 km.

START: Hohenaschau, Parkplatz
unterhalb vom Schloss, 625 m

01 Hohenaschau, 625 m;
02 Hofalm, 970 m; **03** Abzw.
Aberg/Klausen, 1150 m; **04** Holzer-
hütte, 1275 m; **05** Hochries, 1568 m;
06 Riesenhütte, 1346 m

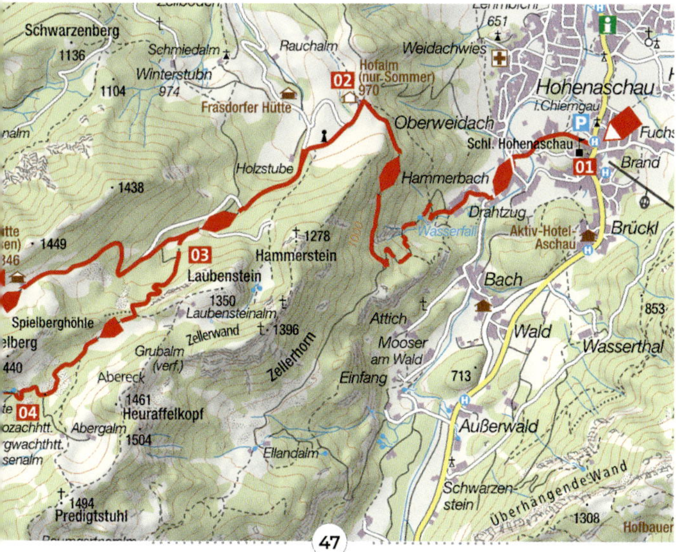

16

„KLAUSHÄUSL"

Das Museum
Salz und Moor.

Noch bis zum Jahr 1958 wurde die Sole von Bad Reichenhall und auch von Berchtesgaden unter anderem nach Rosenheim geleitet. Das Salzwasser floss in Rohren aus Eisen und Holz oberhalb des Museums. Mit Hilfe der Pumpstation, die in den historischen Gebäuden untergebracht ist, wurde die Sole weiterbefördert. In Rosenheim siedete man dann das Salz (Info: Tel. 08641-5467).

Der Weg am Wasserfall erfordert Trittsicherheit, ansonsten keine Schwierigkeiten. Eine kurze, aber sehr abwechslungsreiche Wanderung mit nur 2km. In 45 Minuten überwindet man 129 Höhenmeter.

START: Klaushäusl, 546m; Parkplatz

01 Klaushäusl, 546 m; **02** Grießenbach, 558 m; **03** Wasserfall, 665 m; **04** Brunnhaus, 579 m; **05** Moorlehrpfad, 536 m

17

DIE KAMPENWAND

Der Chiemgauer Hausberg.

Sicherlich der auffälligste Berggipfel der Chiemgauer Alpen ist der gezackte Felskamm der Kampenwand, der von fast allen Seiten als leicht erkennbarer Orientierungspunkt bei der Gipfelbestimmung dient.

WANDER
TOUR

Der Gipfelanstieg auf die Kampenwand ist kurz, aber steil, felsig und anspruchsvoll, ansonsten schöne Wander- und Fahrwege. Bequemer Aufstieg (210 HM) aber steiler Abstieg (1050 HM). 6,5 km; Dauer: 3 ¾ Stunden.

START: Hohenaschau, Kampenwand-Bergstation, 1460 m

01 Bergstation Kampenwandbahn, 1460 m; 02 Steinlingalm, 1473 m; 03 Kampenwand, 1669 m; 04 Schlechtenberger Alm, 1260 m; 05 Gorialm, 1245 m; 06 Talstation Kampenwandbahn, 620 m

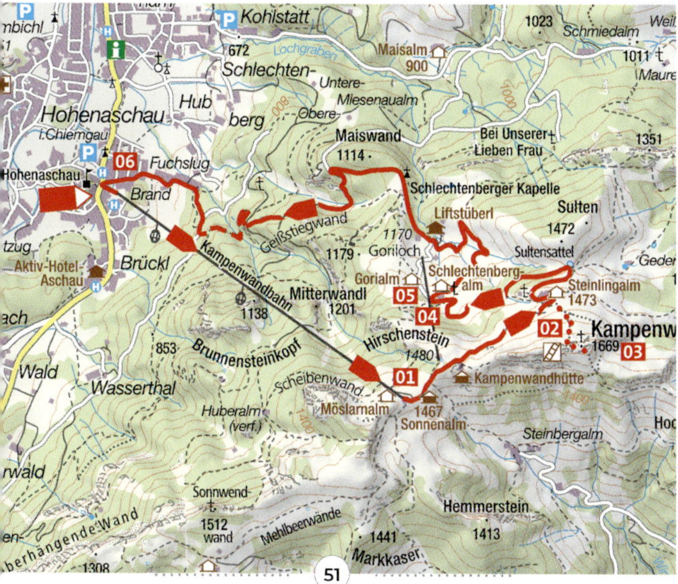

18

SCHNAPPEN-KIRCHE

Herrlich versteckter Aussichtspunkt.

Laut Legende wurde Graf Marquart II. von Hohenstein, der 1075 die Burg von Marquartstein erbauen ließ, einige Monate später bei der Jagd auf dem Schnappen durch einen Pfeilschuss getötet. An der Stelle, wo er gefunden wurde, bauten seine Gefolgsleute eine Sühnekapelle, die heute dem heiligen Wolfgang geweihte Schnappenkirche.

WANDER
TOUR

Der Waldpfad beim Abstieg von der Schnappenkirche nach Staudach ist steil und verlangt trockene Verhältnisse, ansonsten gute Wanderwege. 9 km, 560 Höhenmeter; Dauer: 3 ¼ Stunden

START: Marquartstein (Wanderparkplatz oberhalb der Burg, am Ende der Straße), 620 m

01 Marquartstein, Wanderparkplatz, 620 m; 02 Schnappenkirche, 1100 m; 03 Staudach, 580 m

19

HOCHFELLN GIPFEL

Kreuz – Kapelle – Naturlehrpfad.

Ein mächtiges, von einem Metallgitterzaun eingezäuntes Eisenkreuz, am 25. August 1880 zur Centenarfeier Ludwigs I. errichtet, ziert den Hochfelln. Ebenso eine Kapelle mit einer großen Schatten spendenden Vorhalle. Im Gipfelbereich ist ein aussichtsreicher Naturlehrpfad angelegt, der anhand vieler Info-Tafeln zu den unterschiedlichsten Themen wie Altersbestimmung von Gesteinen u. ä. informiert.

Gut angelegter Steig zwischen Gipfel und Bründlingalm, im unteren Teil Forststraße. Abstiegswanderung: 6 km, 1070 Höhenmeter bergab; Dauer: 2 ¾ Stunden.

START: Bergstation der Hochfellnbahn, 1654 m

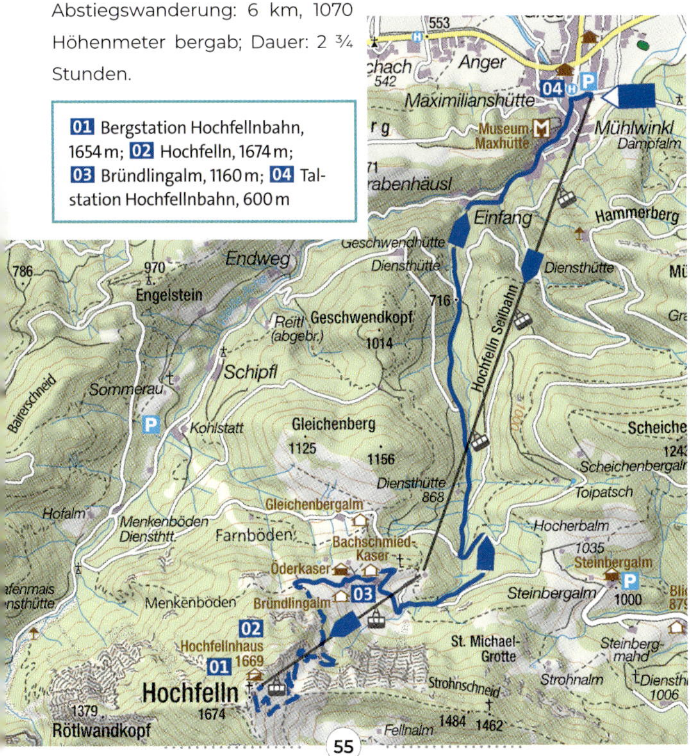

01 Bergstation Hochfellnbahn, 1654 m; 02 Hochfelln, 1674 m; 03 Bründlingalm, 1160 m; 04 Talstation Hochfellnbahn, 600 m

DIE ENTENLOCHKLAMM

Der Schmugglerpfad.

Die Entenlochklamm, oder auch „Antenloch" erstreckt sich zwischen Tirol und Bayern. Spektakulär zieht sich die Engstelle, durch die die Tiroler Ache fließt, 2,5 km lang zwischen Schleching und Kössen. Durch die Klamm führen zwei Hängebrücken. Besonders Abenteuerlustige erleben die Klamm im Kajak oder beim Rafting. Der Schmugglerweg führt uns durch diese eindrucksvolle Klamm.

Waldpfade, die bei Nässe rutschig und unangenehm sein können. Sehr gut als Familientour mit Kindern geeignet, aber auch 400 Höhenmeter und 7 km. Dauer: 3 ¼ Stunden.

START: Ettenhausen, Parkplatz am Ortsende (vor der Geigelsteinbahn-Talstation dem Schild Schmugglerpfad folgen), 595 m

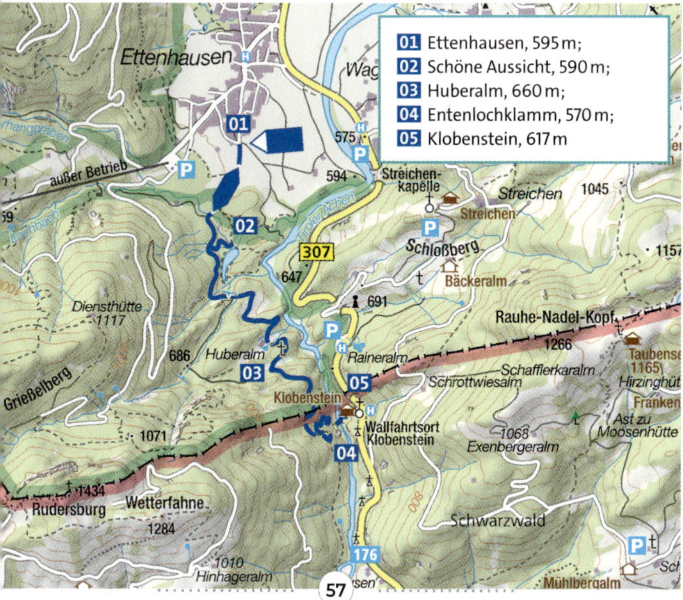

01 Ettenhausen, 595 m;
02 Schöne Aussicht, 590 m;
03 Huberalm, 660 m;
04 Entenlochklamm, 570 m;
05 Klobenstein, 617 m

21

DER TAUBENSEE

Hoch gelegener Bergsee.

Der Taubensee, durch den mitten hindurch die deutsch-österreichische Grenze verläuft, ist ein beliebtes Ausflugsziel, das von vier Seiten – von Kössen, Schleching, Reit i. W. und Hinterwössen – angegangen werden kann.

Forststraßen und gute Wander-pfade mit einer etwas steilen und felsigen Passage auf dem Kroatensteig; 78 km, 550 Höhen-meter; Dauer: 4 ¾ Stunden.

START: Schleching-Ettenhausen, Parkplatz, 780 m, 10 Min. unterhalb der Streichenkapelle

01 Parkplatz, 780 m; **02** Streichenkapelle, 810 m; **03** Peterer Alm, 900 m; **04** Donauer Alm, 1004 m; **05** Kroatensteig, 1040 m; **06** Taubenseehütte, 1165 m; **07** Taubensee, 1138 m

HAUSBACHFALL-KLETTERSTEIG

Der erste TÜV-geprüfte Klettersteig Deutschlands.

Der 2013 eingerichtete, durchgängig gesicherte Klettersteig in unmittelbarer Nähe von Reit i.W. hat sich durch seinen kurzen Zustieg und seine überschaubare Länge zu einem echten Einsteigerziel für Klettersteiggeher entwickelt. Allerdings ist daran zu denken, dass der Routenverlauf durch die Nähe zum Wasserfall in der Hausbachschlucht bei Nässe und nach Regentagen entsprechend feuchte und rutschige Stellen aufweist.

Schnell erreichbarer, kurzer und gut versicherter Klettersteig in der Hausbachschlucht mit interessanten Brücken- und Stegvarianten; viele Querungen, die etwas Kraft erfordern; schöner Abstiegsweg, der Einsicht in den Klettersteig bietet. Nur mit entsprechender Ausrüstung (Klettersteigset, Helm, Handschuhe); Schwindelfreiheit vorausgesetzt.

START: Reit im Winkl, Parkplatz bei der Festhalle, Tiroler Straße, 685 m

01 Festhalle, 685 m; **02** Haus Seerose, 710 m; **03** Einstieg, 750 m; **04** Ausstieg, 850 m; **05** Kriegergedächtniskapelle, 750 m

23

AUSSICHTSPLATTE TRIASSICPARK

Herausragend im wahrsten Sinne des Wortes.

Im Sommer wie im Winter bietet der Triassic Park auf der Waidringer Steinplatte spannende Angebote für Jung und Alt. Besonders atemberaubend ist die Aussichtsplattform, die einen faszinierenden Rundum-Blick bietet. Sie schwebt 70 Meter über dem Boden - auch für nicht ganz schwindelbefreite Besucher, dank der Bodenbeschaffenheit.

Info: triassicpark.at

Problemlose Wiesen- und Wanderwege, teils Fahrwege, im unteren Teil langer Holzpfad, im Gipfelbereich kurze felsige Abstiegsvariante. Die doch sehr lange Runde hat 15 km, 780 Höhenmeter und dauert 5 Stunden.

START: Reit i. W., Winklmoosalm, 1152 m

01 Winklmoosalm, 1152 m; **02** Möserbahn, 1450 m; **03** Kammerkör, 1660 m; **04** Steinplatte, 1869 m, **05** Triassicpark, 1664 m, **06** Scheibelberg, 1465 m

24

GLETSCHER-GARTEN

Ausflug in die Eiszeit.

Im Gletschergarten sind nicht nur eiszeitliche Gletscherspuren, sondern auch die Leistungen früher Technik zu bewundern, denn stolz beschreibt die Info-tafel die hier bis 1958 in Betrieb gehaltene Soleleitung als „Erste Pipeline der Welt".

Fast ebener, breiter und gut markierter Rundwanderweg, der auch kinderwagentauglich ist. Es warten 6,5 km, kaum Steigungen (60 HM); Dauer: 2 ¼ Stunden.

START: Weißbach, Gasthof Zwing (Parkplatz), 740 m

01 Gh. Zwing, 740 m; **02** Falkensee, 745 m; **03** Kreuzfeld, 715 m; **04** Zwingsee, 698 m

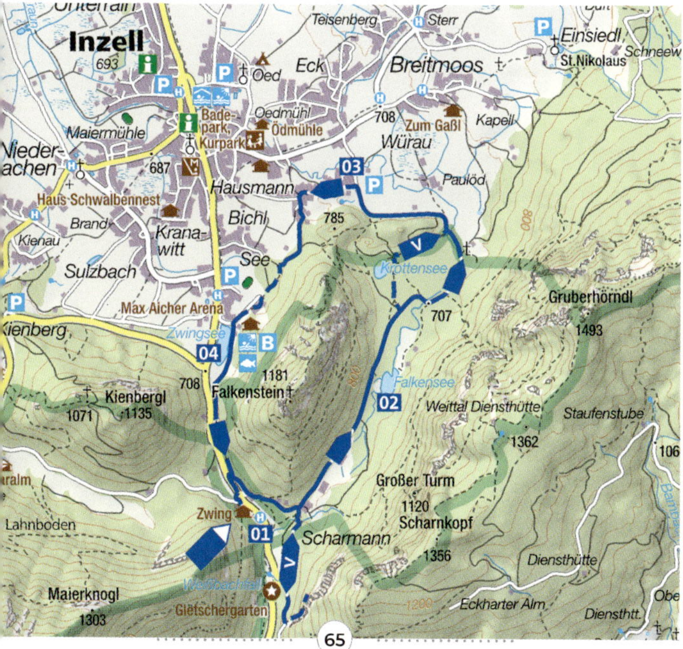

INSPIRATIONEN UM BERCHTESGADEN

HALLEIN

BERCHTESGADEN

BAD REICHENHALL
Bayerisch Gmain

Schönau am Königssee

Ramsau bei Berchtesgaden

Schneizlreuth

Königssee

A10

Sankt Leonhard

Rif

Salzach

Camp

Bad Dürrnberg

Hennenkopfl 1551

Hohe Göll 2522

Scheffelspitze

Sommerbichl

Blaueisgletscher

Hochkalter 2608

Salzkopf

Stadelhorn 2286

Hilfeiwand

Kahrsltz 1640

Königssee

Faselsberg

Oberschönau

Mitterbach

Strub

Götschenkopf

Winkl

Steinerne Agnes

Freimahder Köpfl

Predigtstuhl

Karlkopf 1739

Rabensteinhorn Südgipfel 1373

Untersberg

Unterstein

Kneifelspitze 1189

Oberau

Unterau

Grrneck

Bad Dürrnberg

Rehhof

Hoher Götschen 930

Au

Marktschellenberg

Berchtesgadener Hochthron 1972

Scheltenberger Eishöhle

Vier-Gipfel-Wanderung

Listsee

Scharfkopf

Weissbachschlucht

Kranzlstein

Ristfeuchthorn 1569

Weißbach an der Alpenstraße

Maisenberg

Hinterer Rauschberg 1671

Sonntagshorn 1961

Unterjettenberg

Aschauer Klamm

Achthorn 1316

Unken

Saalach

Saalach

Norn

Bischofswiesen

Almbachklamm

Wimbachklamm

26 Listsee

27 Weissbachschlucht

28 Aschauer Klamm

29 Vier-Gipfel-Wanderung

30 Predigtstuhl

31 Steinerne Agnes

32 Scheltenberger Eishöhle

33 Almbachklamm

34 Wimbachklamm

35 Blaueisgletscher

25

ABTSDORFER SEE

Herrlicher Naturbadesee.

Der Abtsdorfer See, auch kurz Abtsee genannt, ist einer der wärmsten (gilt als wärmster Badesee Oberbayerns, da maximal nur 20 m tief; im Sommer bis 26°C) und fischreichsten bayrischen Seen. Idealer Badesee, da an vielen Stellen frei zugänglich. Teilweise nur wenige Meter vom Ufer getrennt liegt die dichtbewaldete Insel Burgstall im See; früher, im Mittelalter, stand dort eine Burg. Der Seerundweg, der auch als Radweg ausgeschildert ist, verläuft durchgehend auf Asphalt und ist Rad-, Kinderwagen- und Wintertauglich. Der Verlauf weicht aber an einigen Stellen von unserem Wanderweg ab. Eine schöne Beobachtungsplattform ins Haarmoos liegt am ausgeschilderten Rundweg.

WANDER
TOUR

Kurze Asphaltstrecken auf Radwegen und Nebensträßchen, schmale Ufer- und Wiesenpfade mit wenig Steigung (80 HM). 7 km; Dauer: 2 ¼ Stunden,

START: Leobendorf, Parkplatz direkt vor dem Gasthof Leobendorf, neben der St 2103, unterhalb der Kirche.

01 Leobendorf, Gasthof, 450 m;
02 Strandbad Abtsee, 450 m;
03 Schlossklinik Abtsdorf, 458 m;
04 Uferweg, 435 m; **05** Schild Seethal, 435 m; **06** Naturweg, 447 m;
07 Hof Seebichl, 431 m; **08** Bootshaus, 431 m; **09** Kirchplatz, 460 m

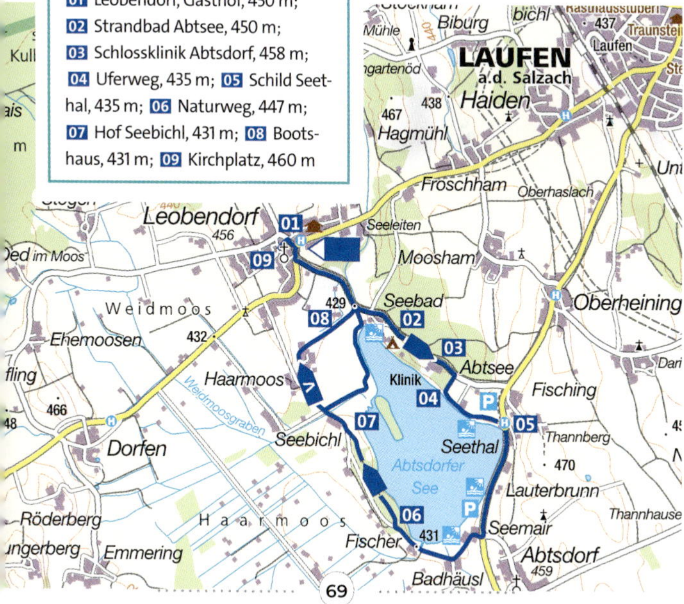

26

DER LISTSEE

Wandern am Gesundheitsweg.

Wer seinem Körper Gutes tun möchte, sollte zum Listsee wandern, und zwar auf dem Gesundheitsweg. Der kleine See misst nur etwa 0,4 Hektar und besticht durch seine tieftürkise Farbe. Das Gebiet um den See dient als Reservoir der Bad Reichenhaller Trinkwasserversorgung. Hier lässt es sich wunderbar durchatmen und kurz verweilen.

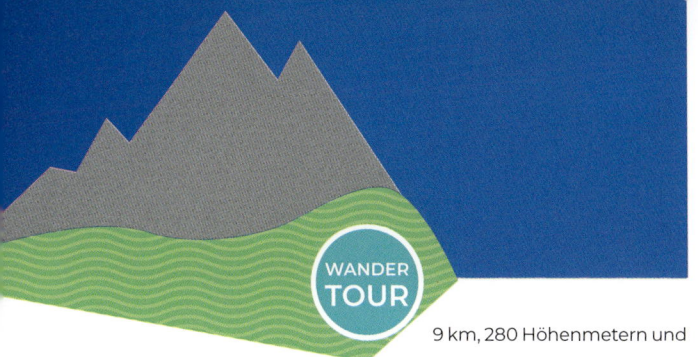

9 km, 280 Höhenmetern und 3 ½ Stunden.

Asphaltierte Neben- und Zufahrtssträßchen am Anfang und Ende der Rundtour, dazwischen Forstwege und Waldpfade, kurzer steilerer und kehrenreicher Abschnitt beim Abstieg zum Listsee. Eine Wanderung mit

START: Bad Reichenhall, OT Karlstein, Parkplatz neben der Freiwilligen Feuerwehr, beim Schild „Haus des Gastes, Sporthalle", direkt an der B21.

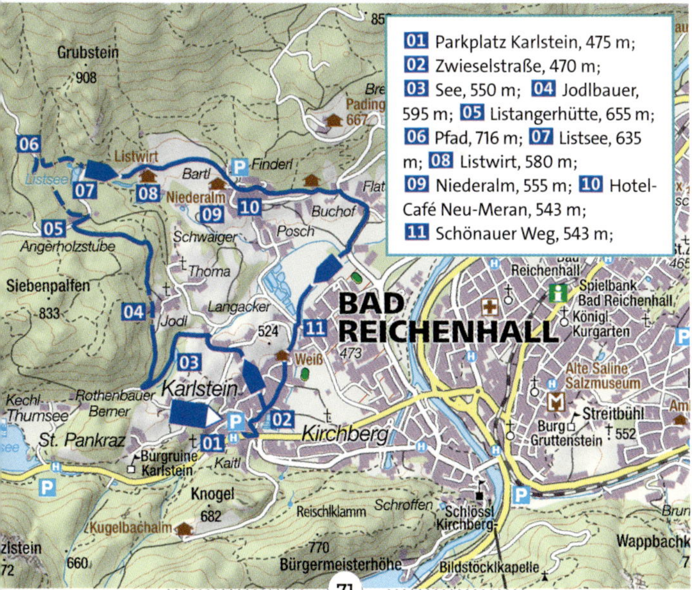

01 Parkplatz Karlstein, 475 m; **02** Zwieselstraße, 470 m; **03** See, 550 m; **04** Jodlbauer, 595 m; **05** Listangerhütte, 655 m; **06** Pfad, 716 m; **07** Listsee, 635 m; **08** Listwirt, 580 m; **09** Niederalm, 555 m; **10** Hotel-Café Neu-Meran, 543 m; **11** Schönauer Weg, 543 m;

27

WEISSBACH-SCHLUCHT

Schluchtenfeeling an der Deutschen Alpenstraße.

Der mit Geländer, Drahtseilen und Brücken ausgestattete Weg durch die Schlucht führt in leichtem Auf und Ab, aber stets sehr flussnah links am Wasser entlang. An etlichen Stellen stößt der schön angelegte Weg direkt ans Wasser. Eine erfrischende Tour vor allem an heißen Sommertagen.

Über steile Treppen hinab zur Schlucht, dann auf schönem Pfad entlang der Weißbachschlucht. Die gesamte Tour dauert 3 Stunden, hat 6,5 km und 210 Höhenmeter.

START: Weißbach a. d. Alpenstraße, Mauthäusl, 630 m

01 Mauthäusl, 630 m;
02 Schneizlreuth, 530 m

28

ASCHAUER KLAMM

Familienwanderung am Wasser.

Neben den Bergseen sind Klammen in vielen Gebirgsregionen eine besondere Attraktion, und natürlich hat auch das Berchtesgadener Land eine Vielzahl aufzuweisen. Neben den bekannteren Namen der Wimbachklamm und der Almbachklamm gibt es eine weitere leicht zu begehende und daher auch für Kinder geeignete Klammwanderung. Diese verläuft entlang des Aschauer Baches, auf dem in früheren Zeiten, als der Salzbergbau noch einen erheblichen Holzbedarf hatte, diese Hölzer transportiert wurden.

WANDER TOUR

Gut angelegte Pfade und Wege, mit vielen Zugangsmöglichkeiten zum Wasser. 4-stündige Klamm-Tour mit 340 Höhenmetern; 11 km.

START: Schneizlreuth/Oberjettenberg, am Militärbereich vorbei, nach der Straßenschlaufe rechts weiterfahren, bis links eine kleine Holzhütte auftaucht, Parkmöglichkeit.

01 Oberjettenberg, 600 m;
02 Wasserspaß, 560 m;
03 Aschauer Klause, 780 m;
04 Fahrweg Reith/Unken, 850 m;
05 Gasthaus Haiderhof, 550 m

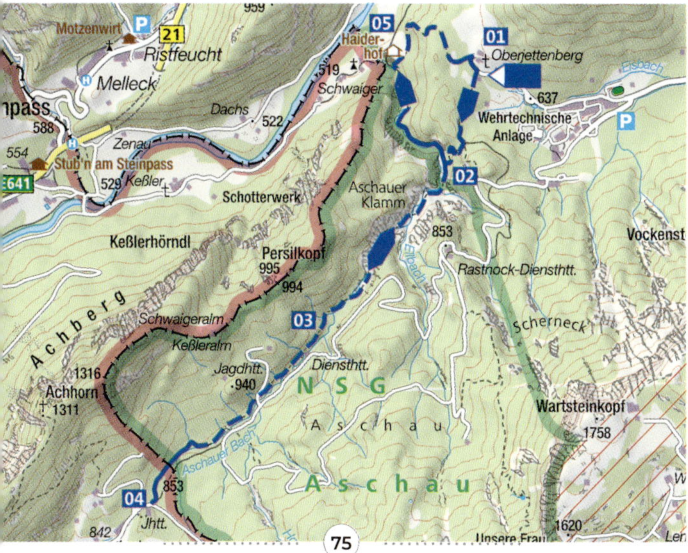

29

4-GIPFEL-TOUR

Leichter Auf- ud Abstieg mit der Bahn und beste Aussichten.

Dank der Predigtstuhlbahn lässt sich diese aussichtsreiche Gipfelwanderung bequem auch als Nachmittagstour durchführen. Die besten Aussichten warten auf vier Gipfeln: Predigtstuhl · 1613 m, Hochschlegel · 1688 m, Karkopf · 1738 m, Dreisesselberg · 1680 m.

WANDER TOUR

Leichte und aussichtsreiche Wanderpfade, dank Aufstieg mit der Bahn auch eher unschwierig, aber dennoch noch 470 Höhenmeter, 7,5 km; Dauer: 3 ½ Stunden.

START: Bad Reichenhall, Predigtstuhl-Bergstation, Parken an der Talstation.

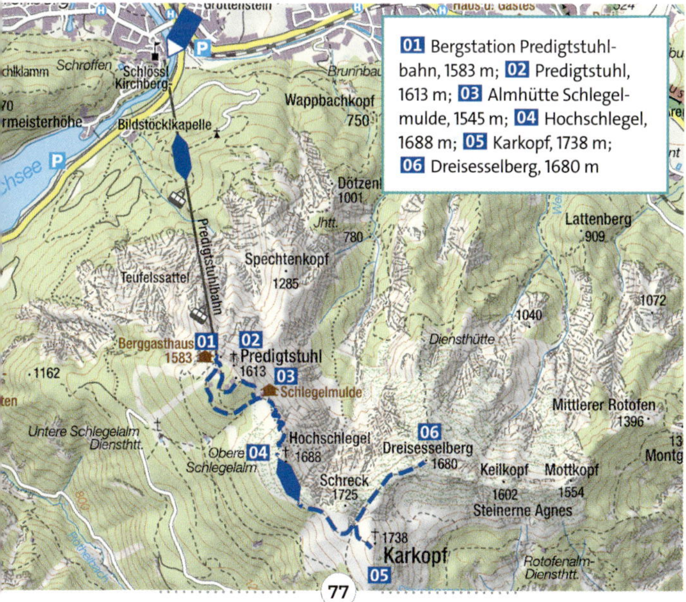

01 Bergstation Predigtstuhlbahn, 1583 m; **02** Predigtstuhl, 1613 m; **03** Almhütte Schlegelmulde, 1545 m; **04** Hochschlegel, 1688 m; **05** Karkopf, 1738 m; **06** Dreisesselberg, 1680 m

30

DER PREDIGTSTUHL

Und jetzt auch ohne Seilbahn auf den Reichenhaller Hausberg.

Besonders an heißen Sommertagen ist der schattige Waxriessteig ein willkommener Aufstiegsweg. Früh im Jahr oder bei feuchten Witterungsverhältnissen ist bei den teilweise recht steilen Waldpassagen Vorsicht angebracht.

WANDER TOUR

Guter Steig, mit teils steileren Serpentinen im Wald, mit vielen Holzstufen und drahtseilgesicherten Holzleitern. Der Aufstieg ist als mittelschwer einzustufen; 1100 Höhenmeter hat die Tour, dauert 5 Stunden und hat 8,5 km.

START: Bad Reichenhall, Parkplatz neben der B21 Richtung Unterjettenberg.

01 Bad Reichenhall, Parkplatz Saalach, 492 m; **02** Untere Schlegelalm, 1305 m; **03** Hütte, 1415 m; **04** Almhütte Schlegelmulde, 1545 m; **05** Predigtstuhl, 1613 m; **06** Bergstation, 1583 m

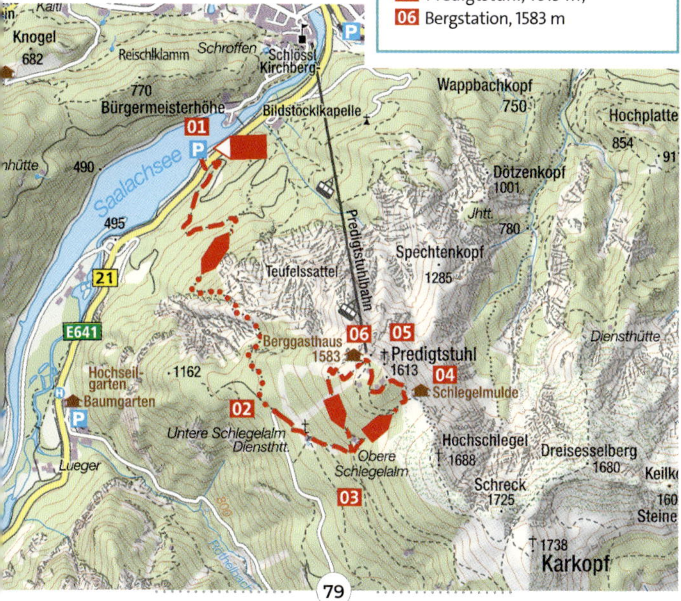

31

DIE STEINERNE AGNES

Begegnung mit Sagen und Legenden.

Der Sage nach eine versteinerte Sennerin, die sich den unsittlichen Annäherungen des Teufels standhaft widersetzte und ihm mit dem Beistand der Gottesmutter entkommen konnte. Der Teufel hat sich an ihrem Stein gewordenen Leib die Nase eingerannt. – Im Jahr 2006 erfolgte die Aufnahme der Steinernen Agnes in die Liste der 77 ausgezeichneten Nationalen Geotope Deutschlands.

Etappenweise steilere Wald- und Bergpfade, die etwas Trittsicherheit verlangen, im letzten Abstiegsteil schöner Wanderweg. Die mittelschwere Wanderung hat 600 Höhenmeter, 10 km und dauert 4 ¾ Stunden.

START: Hallthurm, 693 m, Parkplatz an der B20 beim Bahnübergang.

01 Hallthurm, 693 m; **02** Rotofensattel, 1000 m; **03** Verzweigung, 1280 m; **04** Steinerne Agnes, 1300 m; **05** Verzw. Panoramaweg, 720 m

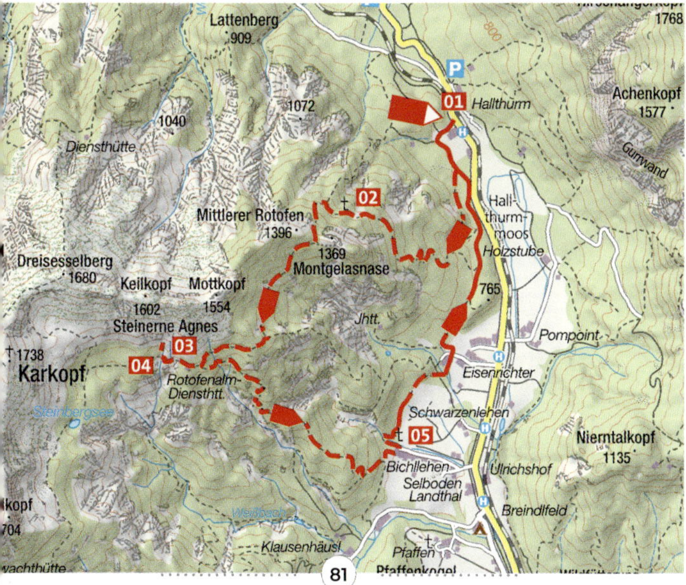

32

SCHELLENBERGER EISHÖHLE

Die größte erschlossene Eishöhle Deutschlands.

Höhlenforscher bezeichnen die Schellenberger Eishöhle als statisch bewetterte Sackhöhle. Sie ist luftdicht nach unten abgeschlossen und hat den Eingang oben. Die kalte Luft sinkt nach unten und bleibt als Kaltluftsee stehen. Mit jedem Schritt abwärts wird es kälter, bis man unten bei 0° C auf einer 30 cm dicken Eisschicht steht. Eindrucksvolle Eishallen und bizarre Eisgebilde sind zu bestaunen. Info zu Öffnungszeiten: eishoehle.net

Beispielbild

WANDER TOUR

Schön angelegter, fast gleichmäßig steiler Steig, mit felsigen Passagen; für den Eishöhlenbesuch empfiehlt sich warme Kleidung. Die Tour ist als mittelschwer einzustufen, da sie 1100 Höhenmeter hat. 11 km; Dauer: 5 ¼ Stunden.

START: Marktschellenberg/ Paßthurm, Parkplatz neben der Straße.

> **01** Paßthurm, 480 m;
> **02** Toni-Lenz-Hütte, 1450 m;
> **03** Eishöhle, 1570 m

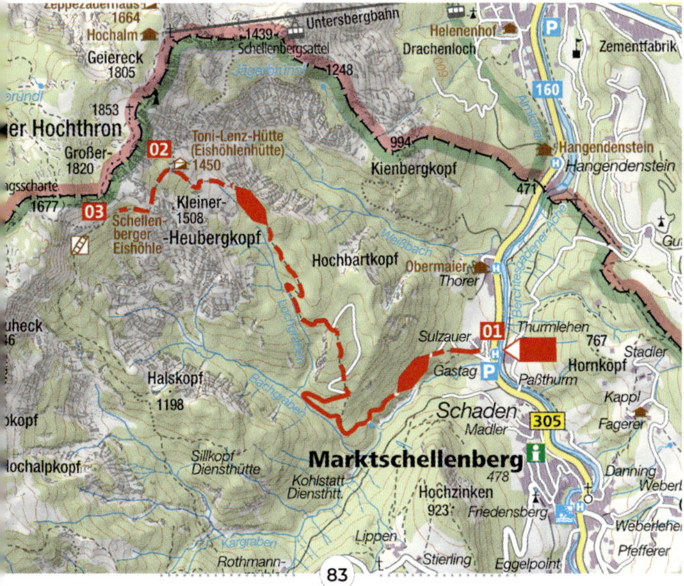

33

ALMBACH-KLAMM

Abkühlung und Durchatmen.

Die Almbachklamm ist an allen wichtigen Stellen gut versichert, teils gepflastert oder mit Holzbohlen versehen und mit Geländer und Sicherungsdrahtseilen ausgestattet. Die natürliche Schlucht liegt zwischen Marktschellenberg und Berchtesgaden.
Info: almbachklamm.com

Wunderbare, er-
frischende Schluchtwanderung
mit aussichtsreichem Höhen-
weg und pfiffigem Abstiegspfad.
Leichte Tour mit 9 km und 460
Höhenmetern.
Dauer: 3 Stunden.

START: Gasthaus Kugelmühle,
Parkplatz.

01 Parkplatz Kugelmühle, 500 m;
02 Theresienklause, 718 m;
03 Hinterettenberg, 770 m;
04 Gasthaus Messnerwirt, 830 m;

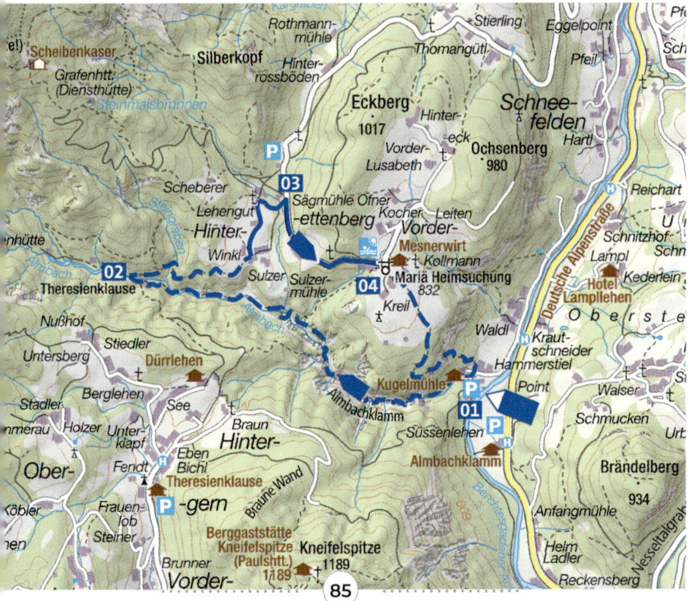

34

WIMBACH-KLAMM

Die nächste Klamm ist nicht weit.

Unter den von Bergstürzen und Schuttmassen verwüsteten Tälern der Alpen ist das Wimbachgries eines der eindrücklichsten. Das liegt nicht zuletzt an der wunderschönen Wimbachklamm am Eingang des gewaltigen Hochtals zwischen Watzmann und Hochkalter. Der Wildbach macht hier seinem Namen alle Ehre.

WANDER
TOUR

Steiler, teils ausge-
setzter Bergsteig zwischen Wimbachschloss und Hochalmscharte (stellenweise versichert); sonst
problemlose Pfade und Wege.
Nicht wenig anspruchsvolle Tour

mit 12 km, 950 Höhenmetern
und einer Dauer von guten 5
Stunden.

Ramsau, Parkplatz Wimbachbrücke, 650 m.

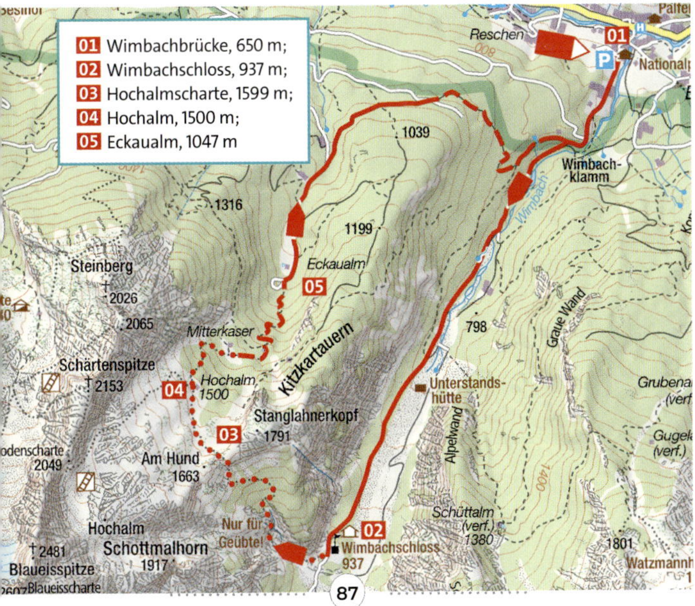

01 Wimbachbrücke, 650 m;
02 Wimbachschloss, 937 m;
03 Hochalmscharte, 1599 m;
04 Hochalm, 1500 m;
05 Eckaualm, 1047 m

35

DER BLAUEISGLETSCHER

Der nördlichste Gletscher der Alpen.

Der Blaueisgletscher ist aufgrund seiner verhältnismäßig niedrigen Lage vom Gletscherschwund besonders stark betroffen. Für alle, die einen Ausflug an den Fuß des immer kleiner werdenden Gletschers machen, sollte dort, wo sich der Gletscher geröllfrei und steiler zeigt, Schluss sein. Die meist vorhandenen Fußstapfen dürfen nicht dazu verleiten, sich zu weit nach oben zu wagen. Trotz seines harmlosen Aussehens hat der Blaueisgletscher schon etliche Opfer gefordert.

Anfangs breiter Forstweg, dann im oberen Teil recht steiler, aber gut begehbarer Bergpfad. Eine 4-stündige aber recht einfache Hüttentour mit 880 Höhenmetern und 10,5 km.

START: Ramsau, Hintersee, Parkplatz an der Staatsstraße, 800 m.

> **01** Ramsau, Parkplatz Staatsstraße, 800 m; **02** Schärtenalm, 1362 m; **03** Blaueishütte, 1680 m

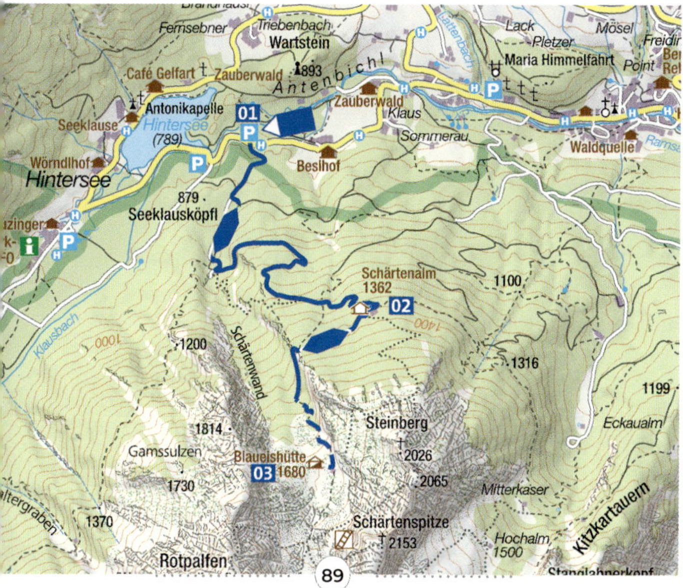

INSPIRATIONEN
UM DEN
KÖNIGSSEE

36

DER GRÜNSTEIN

Der kleine Bruder des Watzmanns.

Der dem Watzmann vorgelagerte, dicht bewaldete Rücken weist vom Königssee aus gesehen eine recht eindrucksvolle, felsige Seite auf. Ein willkommenes Nahziel für alle Königssee-Besucher, zumal das Gipfelplateau des Grünstein eine ähnlich imposante – aber doch wesentlich schneller und vor allem einfacher zu erreichende – Aussicht wie sein großer und bekannterer Bruder, der Watzmann, bietet.

WANDER
TOUR

Wiesen- und Forst-
wege und kurz auf asphaltierter
Straße, oberhalb vom Bobbahn-
Start beginnt ein gut angelegter und stellenweise recht steiler
Steig, der in engen Kehren durch
den Wald hinauf führt. Der schmale Pfad ist ungefährlich, aber bei
Nässe nicht unbedingt zu empfehlen. 708 Höhenmeter, 8,3 km;
Dauer: 3 ¾ Stunden.

START: Königssee, großer gebührenpflichtiger Parkplatz, 610 m

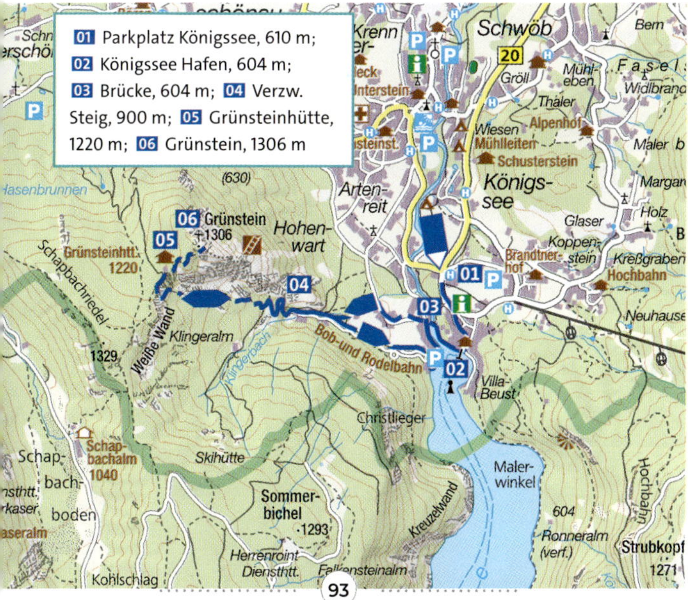

01 Parkplatz Königssee, 610 m;
02 Königssee Hafen, 604 m;
03 Brücke, 604 m; 04 Verzw.
Steig, 900 m; 05 Grünsteinhütte,
1220 m; 06 Grünstein, 1306 m

DIE JENNERBAHN

Gondelfahrt auf einen grandiosen Aussichtsberg

Der Jenner ist dank seiner Bahn ein begehrtes Ausflugsziel und man wird ihn selten für sich allein haben. Kaum eine andere Stelle bietet eine so einfache Möglichkeit, faszinierende Tiefblicke auf den Königssee und herrliche Ausblicke auf die umliegende Bergwelt zu genießen.

Öffnungszeiten der Bahn auf: jennerbahn.de

Auffahrt mit der Bahn; 15-Minuten-Aufstieg zum Gipfel über breiten Weg und zum Schluss felsige, mit Drahtseilen versicherte Stufen; der Abstieg zur Mittelstation (690 HM bergab) verläuft über breiten Fahrweg. 5,3 km; Dauer: 2 Stunden

START: Königssee, großer gebührenpflichtiger Parkplatz/Jenner Talstation, 625 m

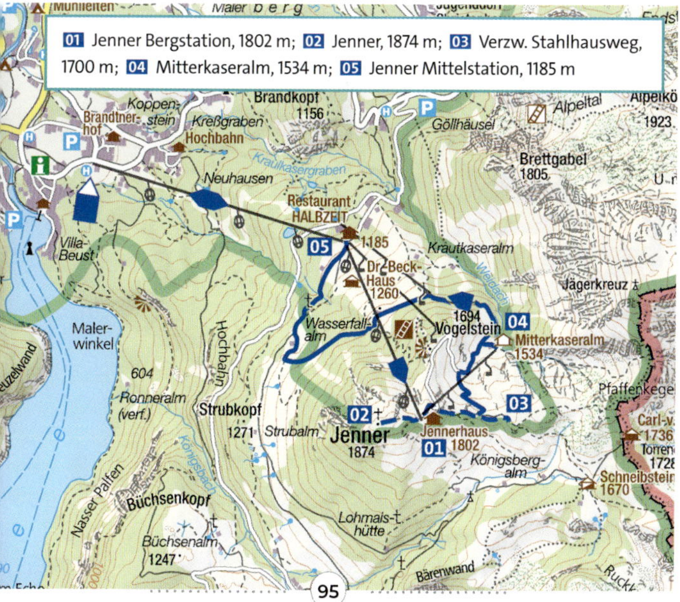

01 Jenner Bergstation, 1802 m; **02** Jenner, 1874 m; **03** Verzw. Stahlhausweg, 1700 m; **04** Mitterkaseralm, 1534 m; **05** Jenner Mittelstation, 1185 m

38 ROMY-SCHNEIDER-AUSSTELLUNG

Nachlass der berühmten „Sissi"-Darstellerin.

Seit Mai 2015 wird in Schönau a. Königssee die Dauerausstellung über Romy & Magda Schneider im historischen „Alten Bahnhof" gezeigt. Viele Exponate der weltbekannten Schauspielerin, die in Schönau ihre Kindheit verbrachte, werden erstmals der Öffentlichkeit zugänglich gemacht.

Info auf: romy-schneider-ausstellung.de

WANDER
TOUR

Spaziergang mit wenig Steigung (115 HM) auf überwiegend Naturboden, meist schattig und am Bachlauf der Königsseer Ache entlang. 10,5 km; Dauer: 3 ½ Stunden.

START: Berchtesgaden, 540 m; Parkplatz am Bahnhof

01 Berchtesgaden, 540 m;
02 Ghs. Waldstein, 555 m;
03 Biergarten, 565 m;
04 Tunnel, 600 m;
05 Parkplatz Königssee, 610 m;
06 Königssee Hafen, 604 m

Seinen Namen hat der Malerwinkel nicht von ungefähr bekommen, und bei Rundgängen in Bilderausstellungen zum Thema Landschaftsmalerei wird man diesen Blickwinkel immer wieder erkennen. Das Berchtesgadener Land war immer auch ein Anziehungspunkt für malende und schreibende Künstler und man kann vielerorts, namentlich in Berchtesgaden, Bad Reichenhall und in der Ramsau, auf den Spuren prominenter Künstler wandeln und einiges über deren Leben erfahren.

Bequemer Spaziergang auf breitem Weg ohne nennenswerten Höhenunterschied, der schmale Pfad entlang des Ufers kann bis zum „Stopp-Schild" problemlos begangen werden. Die kurze Tour hat nur 3 km und dauert 1 Stunde.

START: Königssee, großer gebührenpflichtiger Parkplatz, 610 m

---

01 Parkplatz Königssee, 610 m; **02** Königssee Hafen, 604 m;
03 Villa Beust, 620 m; **04** Malerwinkel, 608 m

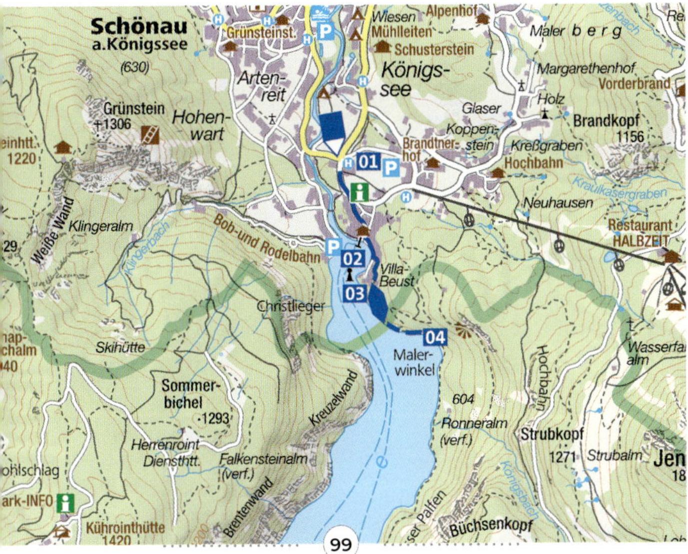

SCHIFFFAHRT KÖNIGSSEE

Manchmal möchte man nicht wandern... dann ist eine Schifffahrt genau das Richtige!

Der fjordartig eingebettete See ist 8 km lang, bis zu 1250 m breit und liegt 602 m über NN. Mit einer maximalen Wassertiefe von 190 m bleibt das Wasser auch im Hochsommer relativ kalt, da der See hauptsächlich durch unterirdische Zuflüsse gespeist wird. Die Wasseroberfläche ist 5,2 km² groß.

Die Königsseeflotte verfügt über 18 Elektroboote

mit 1650 Plätzen und beför-
dert jährlich ca. 650.000 Per-
sonen. Drei Stationen werden
angelaufen: Kessel (Bedarfs-
haltestelle); St. Bartholo-
mä (35 min), Salet (Hin- und
Rückfahrt ca. 2 Std.). Saison-
abhängige Abfahrtszeiten.

Informationen zu Preisen, Ti-
ckets und Fahrzeiten unter:
seenschifffahrt.de

Schifffahrt Königssee
83471 Schönau a. Königssee
Tel. +49 8652 9636-0
koenigssee@seenschifffahrt.de

41

SCHÜTZENSTEIG KLETTERSTEIG

Familienfreundlicher Kletterspaß.

Der leicht erreichbare, kurze und sehr gut gesicherte Schützensteig ist ideal für Einsteiger und auch für Kinder. Die Sicherungen sind für kleine Körpergrößen ausgerichtet und die Schwierigkeiten des seit Mai 2015 bestehenden Klettersteigs insgesamt eher mäßig.

Kurzer und eher leichter Klettersteig, mit schnellem Zustieg; Helm und Klettersteigausrüstung notwendig. Obwohl der Steig keine besonderen Schwierigkeiten aufweist ist Schwindelfreiheit Voraussetzung. 230 Höhenmeter, 1,5 km; Dauer: 1 ¾ Stunden.

START: Jenner Bergstation, 1802 m

01 Jenner Berstation, 1802 m; **02** Startplatz Gleitschirmflieger, 1680 m; **03** Einstieg KLettersteig, 151 m;

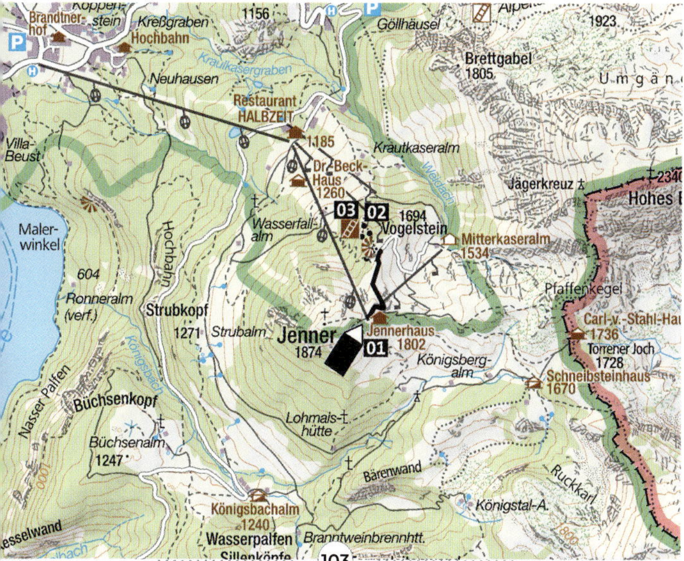

WATZMANN-HAUS

Ein berühmter Treff- und Aussichtspunkt.

Der Watzmann ist das im besten Wortsinne herausragende und sicherlich wohl auch bekannteste Wahrzeichen der Berchtesgadener Berge, ein Topziel für alle Bergsteiger. Aber auch der normale Wanderer hat seine Chance, diesem Koloss nahe zu kommen, denn das Watzmannhaus am Fuße dieses imposanten Massivs ist ein relativ einfach zu erreichendes Wanderziel.

Unschwierige Berg- und Almpfade; der Alternativ-Abstieg über die Kührointhütte verlangt Trittsicherheit am stellenweise gesicherten Falzsteig.

Mittelschwer, da 1300 Höhenmeter zu überwinden sind. 15 km; Dauer: 6 ½ Stunden.

START: Ramsau, Parkplatz Wimbachbrücke, 630 m.

01 Ramsau, Wimbachbrücke, 630 m; **02** Wimbachklamm, 953 m; **03** Stubenalm, 1100 m; **04** Mitterkaseralm, 1400 m; **05** Falzalm, 1600 m; **06** Watzmannhaus, 1930 m

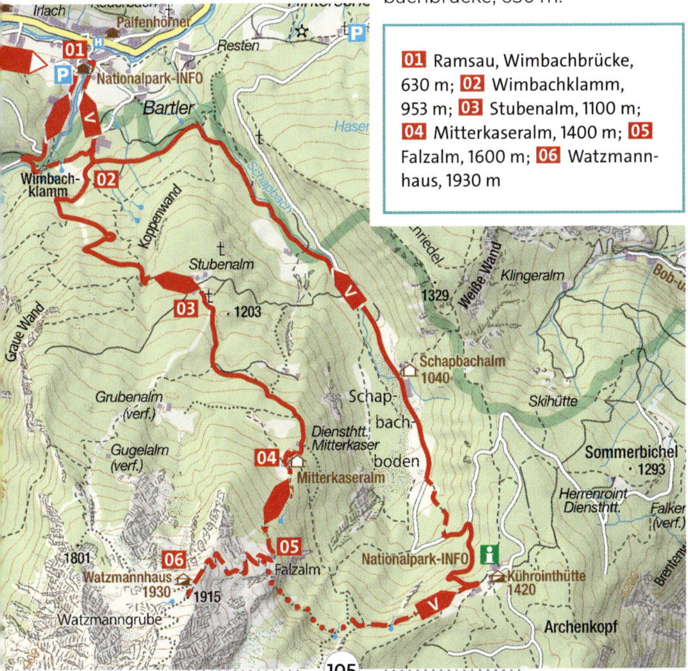

43

PANORAMA-RUNDTOUR KÖNIGSSEE

Aufs Halsköpfl.

Nicht der höchste, aber vielleicht der mit der schönsten Aussicht – der Halsköpflgipfel. Auf einer Höhe von 1719 m tut sich Wandernden eine einzigartige Aussicht auf, die Seinesgleichen sucht. An sonnigen Tagen genießt man den ungetrübten Blick auf den stolz schimmernden Königssee und die ihn umgebende Bergwelt. Ein Motiv, so schön wie einem Ölgemälde entsprungen.

Sehr abwechslungsreiche Rundtour. Leichter Auftakt am Obersee, dann über den steilen Röthsteig zur Wasseralm, Höhenwanderung zum aussichtsreichen Halsköpfl. Der Abstieg führt über den schattigen Sagerecksteig zurück nach „Salet". Abfahrtszeiten der Schiffe beachten, in Salet gibt es keine Übernachtungsmöglichkeit! 14,5 km, 1160 Höhenmeter; Dauer: 6 ¾ Stunden.

START: Königssee (Parkplatz), mit dem Schiff zur Anlegestelle „Salet", 604 m.

01 Salet, 604 m; **02** Obersee, 613 m; **03** Fischunkelalm, 620 m; **04** Röthsteig, 900 m; **05** Verzweigung Wasseralm, 1416 m; **06** Halsköpfl, 1719 m; **07** Schwarzensee, 1568 m; **08** Saletalm, 604 m

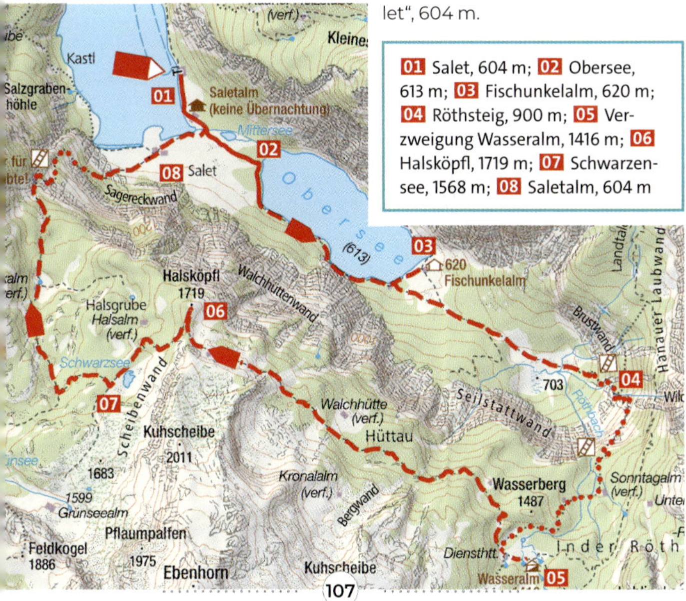

RÖTHBACH-FALL

Der höchste Wasserfall Deutschlands.

Der Röthbachfall ist mit einer Fallhöhe von 470 Metern der höchste Wasserfall Deutschlands. In zwei Stufen wirft sich die namensgebende Röth die Röthwand hinunter in das Hochtal des Obersees. Ein atemberaubendes und besonders sehenswertes Natur-schauspiel.

Der Abstieg vom Landtalgraben Richtung Röthsteig ist stellenweise feucht und matschig und verlangt in den steilen Passagen besondere Aufmerksamkeit; hier ist der Pfad an vielen Stellen drahtseilgesichert. Der Weg von der Gotzenalm zum Landtalgraben und am Obersee vorbei nach Salet ist aussichtsreiches Genusswandern. Mittelschwere Tour mit 10,5 km und 200 Höhenmetern; Dauer: 4 Stunden.

START: Gotzenalm, 1685 m

01 Gotzenalm, 1685 m;
02 Verzw. Regenalm, 1600 m;
03 Verzw. Landtalgraben, 1620 m;
04 Verzw. Abstieg Obersee, 950 m;
05 Fischunkelalm, 620 m;
06 Obersee/Bootshaus, 620 m;
07 Salet, 604 m

DER FUNTENSEE

45

Der kälteste Ort Deutschlands.

An oder Zu Weihnachten 2001 wurden am Funtensee -45,9 °C gemessen, die tiefste in der Bundesrepublik je gemessene Temperatur. Erklärbar ist dieser extreme Wert durch die besondere Lage des Sees: Er ist von Bergen umschlossen und liegt in einem Becken. Im Winter können die Strahlen der tiefstehenden Sonne hier kaum eindringen. In klaren Nächten strahlt die Restwärme ab. Da die kalte Luft nicht abfließen kann, bildet sich ein Kaltluftsee.

Der Sagerecksteig ist steil und kehrenreich, mit vielen drahtseilgesicherten Holz- und Felsstufen. Tendiert je nach Verhältnissen bereits zu schwarz! Bei Nässe nicht zu empfehlen. Mittelschwere bis schwere Tour mit 1300 Höhenmetern und 15 km; Dauer: 7 ¾ Stunden.

START: Anlegestelle Salet, 604 m

01 Salet, 604 m; 02 Salet-Doppelkaser, 610 m; 03 Hochfläche, 1360 m; 04 Verzweigung Wasseralm, 1530 m; 05 Grünsee, 1470 m; 06 Kärlingerhaus, 1631 m

HINWEISE, TIPPS und Legende

Beste Reisezeit

Die beste Reisezeit für einen Wander- und Outdoorurlaub im Chiemgau und dem Berchtesgadener Land ist in der Regel von Mai bis September. Zwar kann bis in die Sommermonate Juni/Juli in höheren Lagen teilweise noch Schnee liegen, die Temperaturen sind jedoch meist bereits im Mai sehr angenehm und die Region bietet zahlreiche Möglichkeiten von Fahrradausflügen über Wanderungen und Bergtouren für Anfänger, Familien bis hin zu Profi-Bergfexen, denen es meist vor allem der prominente Watzmann angetan hat. Im Winter ist die Region auch beliebt für Wintersportaktivitäten und Wellnessaufenthalte.

Schwierigkeit

Die Anforderungen an die Touren sind in drei Klassen unterteilt: Blau (einfach), rot (mittelschwierig) und schwarz (schwer). Eine klare Definition ist aber oft kaum möglich, da das eigene Empfinden zur Tourbewertung subjektiv ist und sich die Streckenabschnitte innerhalb einer Tour oft verändern.

Blau

In der Regel gut ange-
legte und gut markier-
te (Berg-)Wege ohne
echte Gefahrenstellen,
die jedermann begehen
kann. Das schließt aber
kurze, kräftige Steigun-
gen nicht aus. Auch für
alpine Anfänger geeignet.

Rot

Wege und Steige in fel-
sigem, hochalpinem Ge-
lände, die teils mit Leitern
und Drahtseilen versehen
sind. Ein Mindestmaß an
alpiner Erfahrung, Tritt-
sicherheit und vor allem
festes Schuhwerk sollten
nicht fehlen.

Schwarz

Anspruchsvolle, z. T. auch
recht lange Bergtou-
ren mit teils ausgesetz-
ten und auch gefähr-
lichen Stellen. Kondition,
Schwindelfreiheit sowie
Trittsicherheit sind ebenso notwendig wie die
richtige Ausrüstung.

Gehzeiten

Die angeführten Zeitan-
gaben basieren auf unse-
ren Erfahrungswerten.
Dabei zählt nur die reine
Gehzeit ohne Verschnauf-
pausen oder Beobach-
tungsmomente. Abhän-
gig von Steilheit und
Weguntergrund kann
dies leicht abweichen.

HINWEISE, TIPPS
und Legende

Bergbahnen / Schifffahrt
Manche Touren sind in Verbindung mit Bergbahnen und der Königssee-Schifffahrt möglich. Bitte erkundigen Sie sich vorab über Betriebszeiten und Fahrpläne. Teilweise wirken sich die Öffnungszeiten der Bahnen auch auf die von Klettersteigen und/oder Einkehrmöglichkeiten in der jeweiligen Region aus.

Einkehrmöglichkeiten
Das Einkehrsymbol bezieht sich auf Einkehrmöglichkeiten unterwegs. Da sich die Öffnungszeiten saisonal und regional sehr unterscheiden, sollten Sie sich vorab über Übernachtungs- und Einkehrmöglichkeiten informieren.

Richtig ausgerüstet?
Sich im Vorfeld über die Wegbeschaffenheit, Wetterlage und Möglichkeiten der Verpflegung an der Tour zu informieren, ist für die Ausrüstung besonders wichtig. Feste, rutschfeste Wanderschuhe und leichte Kleidung sind zu empfehlen, in felsigem Gelände sind hohe Bergschuhe anzuraten. Nicht zu vergessen: Sonnenschutz, Kopfbedeckung, Schweißtuch und natürlich, wenn es sich ergibt: Badesachen für Seen-Wanderungen.

Der Kartenmaßstab dieses Ratgebers variiert; die Tourenkarten dienen der Orientierung.

Karten mit dem Maßstab 1:50.000 findest du in unseren Kompass-Wanderführern „Chiemsee", „Chiemgauer Alpen", „Berchtesgadener Land" und „Königssee".

Verkehr

Autobahn		S-Bahn	
Schnellstraße		Standseilbahn	
Hauptstraße / Bundesstraße		Seilbahn, Gondelbahn	
Nebenstraße, schmale Nebenstraße		Sessellift	
Fahrweg, Forstweg / Güterweg		Schifffahrtslinie	
Karrenweg		Hafen	
Fußweg, Steig		Schiffsanlegestelle	
Gletscherübergang		Personenfähre	
Straße in Planung, Straße in Bau		Autofähre	
Tunnel		Parkplatz, Parkhaus	
Eisenbahn mit Bahnhof / Haltestelle		Bushaltestelle	
Eisenbahntunnel		Flughafen	
		Flugplatz / Sportflugplatz	

Relief und Vegetation

Gewässer, Sumpf / Moor		Naturschutzgebiet / Nationalpark / Naturpark	
Heide, Sand		Höhenlinien Äquidistanz 20m	
Wald, Kampfwald (Latschen, Krummholz)			
Fels, Geröll		Wein, Obst / Hopfen	

Sport und Freizeit

Minigolf, Spielplatz		Bootsverleih, Angeln	
Fitnessparcours, Grillplatz		Hallenbad, Freibad / Badesee	
Klettersteig, gesicherter Wegabschnitt		Sportplatz, Sprungschanze	
Wildpark, Findling			

Touristische Hinweise

Information, Jugendherberge		Krankenhaus / Notarztstation	
Hotel / Gasthof / Restaurant		Aussichtsturm	
Schutzhütte / Berggasthof (im Sommer und Winter)		Schöner Ausblick, Rundblick	
Schutzhütte / Berggasthof (Sommerbewirtschaftung)		Kirche, Wallfahrtskirche	
Jausenstation / Almwirtschaft / Imbissstube		Kapelle, Denkmal	
Buschenschenke / Heuriger, Unterstand		Burg / Schloss, Ruine	
Hütte / Biwak (unbewirtschaftet)		Kloster	
Campingplatz, Sehenswürdigkeit		Ausgrabungen, ehemalige Festung	
Museum, Museumsbahn		Wegkreuz	
		Bildstock, Bildbaum	
		Höhenpunkt, Gipfelkreuz	

NOCH MEHR
Inspirationen

Unsere Inspirationen beinhalten alle Wandertouren als Tipps und als Vorschlag, um ans Ziel zu kommen. Ausführliche Beschreibungen und noch viele weitere Tourenvorschläge findet man in unseren Wanderführern und weiteren Outdoor Reihen wie „Dein Augenblick" und „Endlich".

Ein weiterer Tipp ist die KOMPASS-Wanderkarte. Damit lassen sich Touren perfekt planen und auch die Orientierung bei schwierigeren Touren ist damit perfekt zu bewältigen. KOMPASS-Wanderkarten zeigen alle Informationen der Landschaft. So lassen sich auch noch weniger bekannte Orte, kleine Seen, versteckte Gipfel und wilde Bäche finden. Eine Wanderkarte ist wie eine Schatzkarte für neue Ziele. Sie zeigt auch, welche Wanderwege, Fahrradwege, Klettersteige und Zufahrtsstraßen es gibt. Öffentliche Verkehrsmittel sind ebenfalls eingezeichnet, genauso wie Parkplätze, Hütten und Almen.

Eine Wanderkarte voller Vorfreude auszubreiten ist schon der erste Schritt in den Urlaub oder das neue Abenteuer. Sie ist aber auch ein herrliches Erinnerungsstück an all die Erlebnisse, die man damit verbindet.

DIE PASSENDEN WANDERFÜHRER

+ TOURENKARTEN

Dein Augenblick
Berchtesgadener
Land

mit 30 Touren zu
Traumzielen

Wanderführer
Berchtesgadener
Land

mit 55 Touren und
Extra-Tourenkarte

Wanderführer
Chiemsee

mit 55 Touren und
Extra-Tourenkarte

IMPRESSUM

Herausgeber: © KOMPASS-Karten GmbH

Karl-Kapferer-Straße 5, A-6020 Innsbruck

1. Auflage 2024 (24.01), Verlagsnummer 8103,

ISBN 978-3-99154-018-2

Konzept und Bildnachweis

Konzept & Gestaltung: © KOMPASS-Karten GmbH

Projektbetreuung: Julia Flory, KOMPASS-Karten GmbH

Text: KOMPASS-Karten Autoren Walter Theil, Monika Gröbl
und KOMPASS-Karten GmbH

Grafische und Kartografische Herstellung: © KOMPASS-Karten GmbH

Kartenausschnitte: © KOMPASS-Karten GmbH unter Verwendung
OpenStreetMap Contributors (www.openstreetmap.org)

Titelbild: Blühende Wiesen vor dem verschneiten Watzmann.
von stock.adobe.com © auergraphics & KOMPASS-Karten GmbH

Bildnachweis:

S.12 stock.adobe.com: © auergraphics & Kompass Karten Gmbh;
stock.adobe.com: S. 3 © JFL Photography; S. 16 © Klaus M.;
S. 26 © Martin Erdniss; S. 82 © ondrej83; S. 86 © Matthias;
S.88 © ttoennesmann; S.98 © Harald; S. 100 © Dennis Pikarek;
S. 108 © nemo1963; pixelio.de: S. 84 © Rosel Eckstein;
S. 18-24, 28-42, 48, 68 © Monika Gröbl & Walter Theil;
S. 113, 120 © Thomas Kargl;
Alle weiteren Bilder stammen von Walter Theil.

Alle Angaben und Routenbeschreibungen wurden nach bestem Wissen gemäß unserer derzeitigen Informationslage gemacht. Die Wanderungen wurden sehr sorgfältig ausgewählt und beschrieben, Schwierigkeiten werden im Text kurz angegeben. Es können jedoch Änderungen an Wegen und im aktuellen Naturzustand eintreten. Wanderer und alle Kartenbenützer müssen darauf achten, dass aufgrund ständiger Veränderungen die Wegzustände bezüglich Begehbarkeit sich nicht mit den Angaben in der Karte decken müssen. Bei der großen Fülle des bearbeiteten Materials sind daher vereinzelte Fehler und Unstimmigkeiten nicht vermeidbar. Die Verwendung dieses Führers erfolgt ausschließlich auf eigenes Risiko und auf eigene Gefahr, somit eigenverantwortlich. Eine Haftung für etwaige Unfälle oder Schäden jeder Art wird daher nicht übernommen. Für Berichtigungen und Verbesserungsvorschläge ist die Redaktion stets dankbar. Korrekturhinweise bitte an folgende Anschrift:

KOMPASS-Karten GmbH
Karl-Kapferer-Straße 5
A-6020 Innsbruck
www.kompass.de/service/kontakt